시장경제체제 도입이후
중국 신문의 변화와 특성

시장경제체제 도입이후
중국 신문의 변화와 특성

이 봉 우 著

 한국학술정보㈜

책 머리에

이 책은 중국 사회주의 시장경제체제 도입이후 신문 집단의 특성을 역사적 방법을 통해 밝히고 있다. 이 책은 서론을 제외하고 모두 5장으로 구성되었다. 2장은 중국사회주의 언론의 기본적인 배경에 관한 것이다. 중국 언론 고유의 당의 선전도구 기능을 제외하고 하나의 서비스 상품으로서 가져야 하는 능동성, 적극성과 창조성에 대한 강조는 개혁개방 이후 중국 언론정책 제정의 새로운 중심이 되었다. 그러나 "언론이 당과 인민의 喉舌이고 당성원칙을 견지하고 언론이 반드시 사회주의를 위해 봉사해야 한다"라는 것도 역시 언론이 지켜야 할 최고의 준칙이다.

3장에서는 시장경제체제 도입이후 중국 신문의 변화를 고찰하였다. 개혁개방 이후 중국신문의 시장화는 변화된 사회경제환경과 더불어 관념의 변화와 동반된 것이다. 신문이 계급투쟁의 수단과 계급독재의 수단이라는 관점을 비판, 시정하고 신문은 사회여론의 수단과 정당선전의 수단이라는 관점과 동시에 대중전파매체라는 새로운 관념을 수립하였다. 신문은 과거 傳播者 본위로부터 수용자도 중시하기 시작한 것이다. 1990년대부터 신문의 산업화운영을 기본적으로 신문개혁 인식의 틀로 잡았다. 1978년 시작한 신문개혁 과정에서 신문이 시장화를 지향하면서 산업속성은 점차적으로 강화되었으며 마지막에 "신문산업"이란 개념이 형성되어 "사업단위, 기업화관리", "一業爲主 多種經營", "自主經營, 損益自負, 自我約束, 自我發展" 생존방식이 나타났다. 산업화 운영과정에서 신문으로 하여금 점차적으로 정보전달, 정책선전, 여론향도와 여론감독, 지식전파, 오락제공, 광고를 게재하는 등 다양한 사회역할을 발휘하게 한다.

제4장에서는 중국신문 집단의 형성과 관리, 경영을 고찰하였다. 당대 중국신문 집단은 영향력이 있는 사회주의 신문(주로 黨報)을 핵심으로 매체산업 및 이와 상관된 實業을 주체로 기타 비매체산업 경영실체를 겸영한 매체산업 연합체이다. 시장경제의 초기에 중국의 신문 집단은 당과 정부의 선전의 수요와 사회가 정보에 대한 수요, 매체의 이윤창출의 수요를 만족시키기 위해 행정 주도형으로 이루어 졌다. 신문 집단은 당위나 혹은 신문사위원회를 비롯한 집단지도체 제를 가지고 있으면서 편집과 경영을 분리하는 다양한 관리 제도를 도입하여 시장경제에 적응하려고 한다. 현재 중국신문 집단의 경영 형태는 주로 당보가 몇 개의 시장지향적인 자매지를 겸영하는 수평 적인 집중이 위주이다. 그러나 매체 상관 산업인 광고, 인쇄, 정보자 문, 발행(보급) 뿐만 아니라 매체업과 상관되지 않는 타 업종도 경 영한다. 뿐만 아니라 일부 신문 집단들에서는 우회적으로 주식시장 에 진출하기도 하고 또 대기업의 자본을 인입하기도 하지만 정책적 으로 엄격한 규제가 있다. 중국의 신문 집단은 하나의 복합기업이지 만 매체 중심(당보)이며 지역적인 제한이 비교적 엄격하다.

제 5장에서는 중국 신문 집단의 변화 방향을 서술하였다. 현 단계 에서 중국의 신문 집단은 정부의 정책적 주도와 국내외의 경제 환 경(중국의 경제발전과 WTO의 가입), 신문의 외부시장의 비포화 상 태와 내부공간의 확장에 따라 경제적으로 성장할 수가 있으며 또 신문의 산업화는 더욱 가속화 될 것이다. 그러나 언론의 다양성과 독립성, 그리고 언론지간의 공평한 경쟁, 외국 언론에 대한 규제제 도 등 면에서 보다 합리적인 제도를 건립하여야 한다.

이상의 논의를 통해 다음과 같은 것을 알 수가 있다. 사회주의 시 장경제를 도입한 후 중국의 언론은 변화하였다. 20세기형 사회주의 계획경제체제는 공유제 위주의 다종 소유형태 발전, 소유와 경영의 분리, 이윤과 경제체제라는 21세기형 사회주의시장경제 체제로 전환되고 있다. 언론매체는 이와 같은 체제의 변화 속에서 시장언론이라는 새로운 방식으로 변화되었다.

중국 언론의 변화 가운데서 근본적인 것은 언론의 역할을 재정이하고 있다는 것이다. 당의 대변자라는 일원적인 관점으로부터 정보전달, 문화교육, 오락제공, 여론감독 등 다양한 기능을 담당하는 기관이라는 새로운 언론관으로 전환되고 있다. 따라서 중국 언론을 지배해 왔던 정치 선전의 기능을 강조하면서도 시장 메커니즘과 경제원칙에 입각한 경영관리의 역할을 점차 강조하면서 미디어 산업화의 길을 걷고 있다. 광고수입의 비중이 급증하고 다각경영을 통한 사업확장을 통해 언론 산업은 중국 경제구조의 중요한 부분을 차지할 만큼 성장하였다. 이것은 분명 개혁의 성과이다.

결국, 언론에 대한 기존의 이론으로 비춰볼 때, 중국은 사회주의 시장경제체제를 도입하고 있는 사회변동과정에 있기 때문에 중국의 언론변화를 확정적으로 어떤 유형이 탄생했다고 단정하거나 기존의 틀에 끼워 맞추어서는 그 고유한 특성을 말하기 어렵다. 현재적 의미에서 중국 언론의 변화는 중국의 정통 언론이론의 폐기를 의미하지 않는다. 다양화된 중국 언론은 여전히 당의 선전수단으로서의 역할과 기능을 하고 있기 때문이다. 그럼에도 기본적으로 소유방식을 공유제로 남겨놓고 자본주의적 상업성을 운용하여 창출된 사회주의 시장언론은 사회주의 계획언론의 모순을 일부 극복하고 언론의 다양한 기능을 수행하고자 하는 새로운 시도이다. 그런 점에서 볼 때, 변화된 중국의 사회주의 시장언론은 변화된 사회주의 시장경제의 선전자이면서 실천자라는 고유한 특성을 부여받고 있는 셈이다. 한마디로 중국 언론의 자본주의화라는 것은 중국의 자본주의화가 중국체제의 포기가 아니듯, 정통 중국언론의 포기가 아니라 오히려 중국사회의 끊임없는 자생적 변화의 산물이자 그것을 이끄는 주체세력인 것이다.

이제 마지막으로 개인적인 감상을 늘어놓을 차례이다. 이 연구는 저자가 한양대학교에 유학한 결실인 박사학위 논문을 약간 가필한 것이다. 무엇보다도 모국에 와서 공부할 수 있도록 소중한 기회를 마련해주시고 언론학의 전당에 발을 들여 놓도록 가르쳐주시고 학문의 바른 자세를 일깨워주신 정대철 교수님을 비롯한 여러 교수님들께 감사를 드린다.

다음으로 그 동안 어려운 유학생활에 음으로 양으로 많은 도움을 주신 학과의 선후배님들과 여러 지인들에게 감사를 드린다. 그리고 아무런 이문이 없는 글을 선뜻 책으로 출판해주신 한국학술정보(주) 채종준 사장님과 여러 임직원님들의 노고에 감사를 드린다.

마지막으로 사랑하는 가족들과 함께 이 기쁨을 나누고 싶다. 연약한 신체로 한국에 온 이튿날부터 귀국하기 전 날까지 남편의 뒷바라지를 하느라고 3년 반을 하루와 같이 서울시내 식당을 전전하며 모진 고생을 한 아내, 엄마아빠에게 재롱이나 응석을 제대로 부려보지 못하고도 반듯하게 자라준 아들 빈이, 그리고 아들의 금의환향을 고대하던 어머님을 비롯한 가족 여러분께 무어라고 고마움을 전해야 할지 모르겠다. 그 엄청난 사랑에 어떻게 보답하랴마는 가족의 사랑이 있기에 나의 노력과 용기는 계속될 것임을 스스로 믿는다. 이제 끊임없이 자신을 갈고 닦으며 참되고 성실한 자세로 학문의 길에 정진하면서 열심히 후학들을 가르치는 것으로서 모든 고마운 이들께 감사의 뜻을 실천할 수밖에 없는 줄로 안다.

2004년
무더운 삼복더위
연길에서

목 차

제1장 서 론 ·· 15

　제1절 문제제기와 연구 목적　15

　제2절 연구문제와 연구방법　18

제2장 중국사회주의 언론의 기본적인 배경 ······················ 23

　제1절 중국공산당 언론의 이론적 기초　23
　　1. 마르크스-레닌주의 언론사상의 轉入　23
　　2. 중국공산당의 黨報의 기본적인 이론　26
　　3. 현 단계에서 중국 당보의 기본적 특징　35

　제2절 중국 언론체계의 구성　37

　제3절 중국사회주의 언론정책　42
　　1. 시장경제도입전의 언론정책　42
　　2. 시장경제도입이후 중국의 기본 언론정책　47

　제4절 소 결　58

제3장 중국의 시장경제 도입과 신문의 변화 ·················· 61

제1절 언론관의 변화 61
  1. 중국사회주의 시장경제의 기본특징 61
  2. 언론의 수단 론과 속성 론의 정합 63

제2절 언론의 정책적 변화과정과 신문의 시장화 70
  1. 중국신문의 첫 시장화 시험 70
  2. 중국신문의 제2차 시장화 73
  3. 시장언론정책의 다양한 실행방식 80

제3절 시장화의 영향 89
  1. 양적인 변화와 구조적인 변화 89
  2. 중국신문의 경쟁의 실행과정 90
  3. 신문내부기제의 변화 99
  4. 정보량의 증가와 지면확충 102
  5. 광고와 발행 107
  6. 관, 공비주문의 감소와 사비주문의 증가 111

제4절 소 결 113

제4장 중국신문 집단의 형성과 관리경영 특성 ············ 117

제1절 중국신문 집단의 형성과 기본조건 117
  1. 신문 집단 설립의 제기와 설립조건 117

    2. 중국신문 집단의 정치적인 규정 121

    3. 廣州日報신문 집단과 기타 신문 집단 124

제2절 중국신문 집단의 관리체제 129

    1. 중국신문 집단의 지도체제 129

    2. 소유 형태 133

    3. 인사제도 134

    4. 취재편집제도 135

제3절 중국신문 집단의 경영방식 136

    1. 중국신문 집단의 언론경영-당 기관지와 그 자매지 136

    2. 중국신문 집단의 다각경영 형태 140

    3. 중국신문 집단의 자본운영 145

제4절 소 결 151

제5장 중국신문 집단의 성장과 문제점 ·····························155

제1절 중국신문 집단의 성장가능성 155

    1. 정책적 측면-언론발전계획서와 17호 문건 155

    2. 경제적인 측면-WTO가입과 광고의 성장 156

    3. 시장적 측면-신문시장의 비 포화상태 158

제2절 중국신문 집단이 성장 중에서 존재하는 문제점 162

    1. 행정개입과 시장발전의 모순 162

  2. 시장 속에서 언론의 불공평경쟁 165

  3. 외국 언론산업의 진출과 불완전한 규제제도 167

제3절 자본주의 언론의 산업화와 부작용 168

  1. 자본주의 언론기업의 이윤추구의 당위성 168

  2. 신문기업경영의 형태 170

  3. 한국언론의 산업화와 부작용 173

제4절 소 결 185

제6장 결 론 ·· 187

제1절 연구결과의 요약 187

  1. 중국의 黨報이론과 언론정책 187

  2. 중국신문의 시장화 188

  3. 중국신문 집단의 형성원인과 특점 190

제2절 연구의 의미 및 제언 195

  1. 중국 사회주의적 시장언론의 의미 195

  2. 사회주의적 시장언론으로의 변화 모델 198

  3. 연구의 한계203

■ 참고문헌 ··· 205

표 목차

<표 1> 중국 공산당 정치권력의 구조 ·· 38

<표 2> 세 개의 경제체제모델 ·· 49

<표 3> 중국신문의 광고의 증가 ·· 78

<표 4> 점진주의 방식과 급진적 방식의 차이 ································· 82

<표 5> 중국 신문종류와 일간지 종류(1997년 현재) ··················· 89

<표 6> 시장구조에 따른 시장의 특성 ··· 93

<표 7> 연도별 신문사, 광고액 및 광고종사인원 ······················ 108

<표 8> 성 급 당위기관지의 천 명당 평균 배분량
(1998년 전국인구통계와 비교) ··· 160

<표 9> 1980년 한국 언론통폐합전 주요 매체 수평적
집중분포 ·· 174

<표 10> 1980년 언론통폐합 이후 한국 주요 언론매체의
수평적 집중분포 ·· 175

<표 11> 한국매체복합화의 지형 ·· 177

<표 12> 한국 주요 신문별 주식소유자의 보유지분 ····················· 180

<표 13> 한국 주요 일간지의 소유권 ··· 180

<표 14> 발행부수로 본 미국 20대 일간지 현황 ························· 182

<표 15> 미국 20대 신문재벌의 보유일간지 수와
발행부수 현황 ··· 183

그림 목차

<그림 1> 신문사 조직 구성표 ································· 101

<그림 2> 중국 신문 집단의 일반적인 조직구조 ················· 130

<그림 3> 기업집단구조: 동풍자동차의 예 ················· 131

<그림 4> 文匯-新民신문 집단 조직구성 ··············· 133

제1장 서 론

제1절 문제제기와 연구 목적

　1990년 이후에 전개되는 세계사회는 양분되어 이데올로기적 갈등을 겪는 역사에서 벗어나 자본주의적으로 통합되고 경쟁하는 시장의 마당으로 바뀌고 있다. 즉 이데올로기적인 시대가 끝나고 상품 및 시장의 시대가 도래 한 것이다. 후꾸야마는 공산주의 이데올로기는 자유주의에 패퇴되었고 자본주의적 시장 민주주의가 승리하여 세계의 역사는 이제 끝났다고 주창하였다.[1] 그러나 사실상 세계의 냉전체제가 와해 된 후 구 소련과 동구권 사회주의가 몰락되었다고 하지만 아직도 지구상 5분의 1의 인구를 가진 중국은 소수의 사회주의 국가 중 대표적인 존재로 남아 있으면서 변화하고 발전하고 있는 것은 엄연한 사실이다.

　"궁하면 변하고 통하면 오래 간다"는 말이 있다. 중국은 문화대혁명을 거치면서 국가의 정치, 경제 기반이 파산지경에 이르렀다. 1978년 중국공산당 11屆 3重全會는 중국사회변화의 전환점이었다. 오랜 세월동안 계급투쟁의 공포의 정치 분위기 속에 얼어붙었던 중국사회는 해동되어 점차 무기력의 상태에서 벗어나 새롭게 개혁의 길을 걷기 시작했다. 따라서 언론도 하나의 전환점을 맞이하게 되었다. 중국의 언론은 급변하는 중국의 정치, 경제 사회 환경에 따라 양적인 성장

---

[1] 김지운 등, 《비판 커뮤니케이션》, (커뮤니케이션북스 2000), p.32

뿐만 아니라 그 기능도 많이 달라졌다. 사회주의 시장경제의 확립과
더불어 언론사도 하나의 기업으로 간주되어 결과적으로 언론체계와
운영구조에 커다란 변화를 초래하였다. 아울러 경제, 사회 환경의 변
화에 따라 변화되는 독자의 요구도 언론에 많은 영향을 미쳤다.

11屆 3重全會에서 중국공산당은 사업의 중점을 사회주의 경제건
설로 전이시키고 개혁개방의 노선을 확정하였다. 그 후 당 12차 대
회부터 15차 대회에서 일련의 중대한 개혁의 조치를 취하였다. 그
요점은 정치상에서는 민주와 법제를 강조하고 경제상에서는 대담한
개혁노선을 실행한 것이었다. 이리하여 사회주의 계획경제로부터 계
획적인 상품경제로 거쳐 최종적으로 사회주의 시장경제체제를 확립
하였다. 이 과정 중에서 신문보도의 중점은 당의 경제건설이었고 신
문의 정치, 정보, 문화, 상품의 속성을 충분히 발휘하였다. 다시 말
하면 신문은 시장경제의 선전자이면서도 시장경제의 실천자로서의
역할을 담당하면서 중대한 변화를 가져왔다. 그 변화의 주요한 표현
을 요약하면 다음과 같다2).

① 신문내용의 변화, ② 신문의 수량과 구조의 변화, ③ 관리체제
의 변화, ④ 경영방식의 변화, ⑤ 신문의 집단화 경영, ⑥ 기술과 설
비의 선진화 등이다.

개혁개방 이후 중국 신문의 변화 발전은 신문의 기본속성과 여러
가지 기능을 체현하여 전통적인 선전도구로부터 대중전파매체로 전
환하고 있는데서 엿볼 수가 있다. 신문은 풍부한 내용과 정보의 다
양성으로 지면이 보다 활기차졌다. 이것은 정보전달의 기능에 대한
긍정으로 여길 수가 있다. 계획경제 시대에 무경쟁 속에서 안일하게
신문을 꾸려오던 시대는 지나 가 신문이 시장 속에 치열한 경쟁을
당면하게 된 셈이다. 이리하여 신문의 경영방식과 경제적인 效益에

---

2) 梁　衡. "中國報業五十年", 新聞傳播, 1999. 6, p.7

질적인 변화를 가져오게 하였다. 1998년에 이르러서는 줄곧 국가의 보조금에 살아가던 중국신문의 3/4정도가 損益을 자체로 책임진다는 것이 단적인 실례가 된다.

중국 언론의 변화는 그 자체의 달라진 모습으로 하여 시대적인 의미를 갖고 있기 때문에 언론학자들의 관심을 불러일으킬 만 하다. 중국식 사회주의를 굳게 지키면서 동시에 시장경제체제를 도입하는 과정 중에서 언론은 시장경제의 선전자이면서도 시장경제의 실천자의 역할을 수행하고 있다. 이런 변화는 "언론이 당의 정치적인 선전 도구"라는 기계적인 시각에서 보면 엄청난 반란이 아닐 수가 없다.

개혁개방 이후 중국 언론변화는 신문에서 가장 집약적으로 나타난다. 언론개혁 또한 신문에서부터 시작되었다. 그 중에서 가장 주목할 것은 1992년 사회주의 시장경제가 도입된 후 행정적 독점과 상대적인 자율경쟁으로부터 집단화, 규모화 경향으로 발전하면서 신문 집단이 형성된 것이다. 이것은 중국 언론사에서 하나의 전환점이 아닐 수가 없다. 줄곧 중국공산당의 영도 하에 있었던 하나의 선전사업부분으로부터 신문 집단의 형식으로 시장 속에서 자기의 기능을 발휘한다는 것은 단순히 정책적인 명칭의 교체가 아니다. 이것은 사회발전의 필연적인 산물이며 역사적인 흐름과 언론법칙, 사회경제환경과 시장형세의 복합적 산물이 아닐 수 없다(曹鵬 1999).

본고에서는 중국의 언론변화에서 가장 주목할만한 현상인 신문 집단의 형성 배경과 원인, 현황, 발전, 그리고 문제점들을 살펴봄으로써 중국신문변화의 진면목을 밝히는 것을 일차적인 목적으로 한다. 그리고 다른 한편으로 변화되고 있는 사회주의 국가에 조응하는 언론개혁의 방향을 조심스럽게 전망해 본다.

제2절 연구문제와 연구방법

한국에서 1992년 이후 중국 신문 집단에 대한 연구는 없을 뿐만 아니라 중국 언론에 관련한 연구도 몇 편에 지나지 않는다. 그 대표적인 연구들은 주봉의의 "개혁개방에 따른 중국 언론의 변화에 대한 연구"(1994년), 강현두 주봉의의 "현대중국의 언론정책과 중국 언론의 발전전망에 관한 연구"(1995), 박용수의 "중국의 시민사회적인 특성과 언론체계의 변화"3) (1995) 정혜정의 "중국식 사회주의 언론정책"(1997) 등이다. 상기의 연구들은 개혁개방 후 중국 언론의 변화에 대해 비교적 잘 기술하고 있다. 그러나 사회주의 언론의 현실대응능력의 한계와 결함을 극복하기 위한 몸부림과 개혁을 역사적발전의 관점에서 보기보다 자본주의적인 승리나 자유주의 우월성으로 동일시하려는 시각이나 혹은 공산당의 일당 독재로 중국의 언론의 발전에 회의적으로 보는 시각을 연구의 바닥에 깔고 있다. 이러한 경향에 대해 일찍 언론이 선전, 선동하는 것은 나쁘고, 일당에 부속된 기관지는 부자유 언론으로서 나쁜 언론이라는 서방 자유주의적 해석에 안주해 온 것을 부인 못한다(조화연·김동춘, 1990 pp.17-19)고 하였으며 공산주의 언론은 계급독재의 성치수단으로서 통제되고 부자유한 나쁜 언론이라는 기본철학이 깔려있다고 지적하기도 한다(방정배 2000).

사실상 중국의 커뮤니케이션의 연구에 대해 시각적인 차이가 있었으나 대부분 연구가 언론의 4이론에서 공산주의 이론이 줄곧 중국언론을 연구하는 기본적인 패러다임이 되었다.4) 그러나 본 연구는

---

3) 박용수는 이 논문에 기초하여 《중국의 언론과 사회변동》 (나남, 2000) 이란 단독저서를 출판하였다. 이 저서에서도 중국신문의 집단화 경향에 대해 논술을 하지 않았다.

4) 주봉의(1994), "개혁개방에 따른 중국 언론의 변화와 발전에 관한 연구",

무엇보다도 중국의 사회제도와 역사적인 맥락에서 신문의 변화와 신문 집단 현상을 살펴보기 때문에 중국적 시각이 필요하다는 입장을 견지하고 있다. 따라서 이 연구는 중국특색의 사회주의 시장경제체제 확립 후[5] 중국신문은 양적인 변화로부터 질적인 변화를 일으키고 발전하고 있다는 문제의식에서 출발한다. 그 대표적인 변화가 바로 신문의 이데올로기적인 기능을 강조하면서도 신문의 산업적 속성을 인정하여 상대적으로 자유로운 경쟁으로부터 점차적으로 신문 집단이 이루어지고 있는 것이다.

이 연구는 크게 세 가지 면에서 연구를 진행하고자 한다. ① 중국 신문의 집단화 배경과 원인을 살펴보는 것이다. 그러기 위해서는 시장경제도입 이후 중국 사회주의 언론의 정책적 변화와 신문의 변화를 살펴보아야 한다. 언론의 변화에 영향을 줄 수 있는 주요한 요인들로는 정치적, 경제적, 사회적 환경의 변화와 수용자로 나눌 수가 있다. 그러나 중국의 언론은 국가가 경영하기 때문에 언론에 가장 직접적인 영향을 줄 수 있는 것은 바로 언론관의 변화와 언론정책인 것이다. 개혁 개방이후 중국 신문의 변화를 중국 신문의 시장화 지향의 역사적 과정 속에서 신문의 변화 양상을 살펴보려고 한다. ② 현 단계에서 중국 신문 집단의 현황은 어떠하며 그 현황 중에서 중국 신문 집단은 어떤 특색을 가지고 있는가를 고찰하는 것이다.

서울대학박사논문, p.15

5) 신 중국이 창립 된 후 중국의 역사변동에 따라 일반적으로 중국의 언론을 사회주의 국가건설시기 언론(1949-195), 사회주의 전면적인 건설시기언론, 문화대혁명시기언론, 개혁개방 이후 언론으로 나눈다. 개혁개방 이후 중국의 언론을 회복기(1979-1983년), 발전기(1984-1988), 조절기(1989-1992), 과도기(1992년 후(상대적인 자율경쟁으로부터 규모화, 집단화에로의 변화)로 세분화하기도 한다. 그러나 일부 학자들은 중국 언론의 발전을 크게 완전한 행정적 독점기(1956-1980년대 초), 행정 독점과 상대적인 자유 경쟁의 병존기(1980년대 후반-1990년대 중반)상대적인 자유경쟁으로부터 규모화 집단화 경쟁으로 과도기)로 나눈다.

중국 신문 집단의 특색을 중국 신문 집단의 기본조건, 관리체제 및 경영형태 세 측면에서 살펴보고자 한다. 중국의 주류 신문은 黨報(당 기관지)이고 또 신문 집단 역시 당 보를 중심으로 이루어졌다. 때문에 중국 신문 집단의 특성은 당보에서 비롯된다. 신문 집단은 기업의 형태를 가지만 그 주체는 당보이기 때문에 정치적인 색채가 강하고 행정적인 개입이 큰 역할을 한다. 중국 신문사업의 특수한 사업 성격과 신문에 대한 일관적인 행정 독점으로 하여 신문 집단의 탄생과 성장은 신문 내부에서 주체적으로만 실현 될 수가 없는 것이다. 따라서 당대 중국 신문 집단의 특성은 상기의 세 가지 면에서 가장 잘 나타날 수가 있다. ③ 중국 신문 집단의 성장과 문제점에 관한 것이다. 다시 말하면 현재 국내 국제환경 속에서 중국신문 집단의 변화 발전의 미래에 대해 살펴보는 것이다.

이를 위해 연구문제를 다음과 같이 정리하고자 한다.

연구문제 1. 중국 신문이 집단화 경향이 나타나게 된 원인은 무엇인가?

연구문제 1-1: 시장경제 도입이후 중국의 언론관은 어떻게 변화하였는가?

연구문제 1-2: 중국사회주의 언론의 정책적 변화과정은 어떠했는가?

연구문제 1-3: 시장경제 도입이후 중국 신문의 변화양상은 어떠한가?

연구문제 2. 현재 중국의 신문 집단은 어떤 특성을 가지는가?

연구문제 2-1: 중국 신문 집단의 기본조건은 무엇인가?

연구문제 2-2: 중국 신문 집단은 어떤 관리체제를 가지고 있는가?

연구문제 2-3: 중국 신문 집단의 다각경영의 형태는 어떠한가?

연구문제 3. 중국 신문 집단의 변화방향과 문제점은 무엇인가?

본 연구의 중국의 개혁개방 이후, 특히는 1992년 사회주의 시장경제체제 확립이후를 시대적인 배경으로 한다. 중국의 언론 현상을 포함한 사회변동의 중요한 근원은 두말 할 것 없이 시장경제체제의 도입이다. 그러나 현재 중국은 시장경제가 기존의 계획경제를 완전히 대체한 것이 아니고 사회주의 시장경제를 완성해가는 과정이다. 때문에 중국을 자본주의식 시장경제의 논리만으로 중국의 사회현상을 제대로 이해 할 수 없다는 것이 필자의 기본 인식이다.

본 연구는 중국 사회주의의 변화와 발전이라는 역사주의적 시각에서 문헌연구의 방법을 사용했다. 중국신문의 변화와 발전을 밝히기 위해서는 중국 자체의 자료를 주요한 근거로 할 것이다. 주로 사용된 자료는 당과 정부에서 내린 정책, 주요 지도자의 논술, 출판된 각종 연감과 언론학 관련 저서들이다. 자료는 어디까지나 중국의 원문 자료를 위주로 하지만 한국에서 생산된 자료도 참고했다.

제2장 중국사회주의 언론의
기본적인 배경

제1절 중국공산당 언론의 이론적 기초

공산주의자들의 언론에 대한 인식의 고전적인 지표는 대체로 레닌에서 비롯된다.6) 중국공산당의 언론관은 바로 마르크스-레닌주의의 言論觀과 중국공산당 언론사업의 실천적인 경험 그리고 毛澤東을 비롯한 중국공산당의 대표적인 지도자들의 言論觀으로 구성된 복합체라고 말할 수가 있다. 이런 言論觀은 중국의 언론이론을 구성하고 중국 언론의 성격, 기능, 및 역할을 규정하며 중국언론정책 제정에서 반드시 지켜야 할 방침이 되는 것이다(江澤民, 李瑞環 新聞工作文獻選集 1994)

1. 마르크스-레닌주의 언론사상의 轉入

중국에서 마르크스주의 체계적인 傳播는 陳獨秀를 비롯한 진보적인 지식인들이 꾸린 新靑年잡지에서 비롯된다. 1918년 新靑年은 "볼

---

6) 레닌은 1901년 5월 이스크라 제4호에 "무엇으로 시작할 것인가", 1902년 3월 "무엇을 할것인가" 등을 발표하면서 언론매체의 혁명적 과업 수행과 실천적 자세 확립 촉구 및 선전자, 선동자, 조직자로서 뿐만 아니라 혁명적 수단으로서의 언론매체의 필요성, 중요성을 주장한다. 김경근. "사회주의 언론사상", 《사회주의 국가의 언론》. (한국 언론연구원, 1989), pp.22-25, 정혜정(1997). "중국사회주의 언론정책" 서강대 석사학위논문, p.4 참조

쉐위즘의 승리", "庶民의 승리"를 발표하였고 5·4운동의 전야에는 新
靑年 6권 5호는 《마르크스주의 연구》라는 특집호 되었으며 "세계를
개조하는 原動力적인 학설"을 소개하는 것이라고 했다. 1918년 12월
陳獨秀와 이대소는 每週評論을 창간하고 新靑年에서 천명한 학설을
사회운동과 더불어 논평하는 데 주력하였다. 每週評論의 영향으로 전
국적으로 주간논평지가 속출, 그 중에서 대표적인 것은 毛澤東의 湘
江評論이다. 毛澤東은 湘江評論 發刊詞에서 다음과 쓰고 있다.

  "새 시기가 도래했다. 도도한 새 사조는 湘江兩岸을 휩쓸고 있다.
이 思潮를 따르는 자는 살고 역행하는 자는 죽는다. 이 思潮를 어떻게
받아들이고 어떻게 傳播하고 어떻게 연구하고 어떻게 실행하는가는 전
체 湖南人들의 가장 중요하고 급박한 과제이다. 즉 이것이 湘江을 발
간하는 가장 중요한 임무이다.[7] "

  1921년 7월 23일 중국공산당이 창건되고 중국공산당 제1차 대표
대회에서 통과한 선전분야의 내용은 다음과 같다.

  ① 잡지, 일간지 서적, 소책자는 반드시 중앙집행위원회 혹은 중
    앙임시집행위원회에서 주관한다.
  ② 각 지방 위원회에서는 수요에 의해 工會(노동조합)잡지, 日報,
    週報, 소책자 혹은 임시 팜플렛을 출판한다.
  ③ 중앙이나 지방을 물론하고 출판물은 당원이 꾸리거나 편집을
    맡아야 한다.
  ④ 당에서 꾸리는 어떠한 출판물이나 막론하고 당의 방침, 정책,
    결정에 違背되는 문장을 게재 못한다.[8]

---

7) 湘江評論, 창간호 1919. 7. 14
8) 《中國共産黨新聞工作文件彙編》, (新華出版社 1980), p.1

상술한 규정의 내용이나 문건 표기방식은 레닌이 쓴 국제공산당 조직에 참가하는 조건과 비슷하다. 중국공산당 제2차 대표대회에서 는 "중국공산당이 제3국제조직에 참가할 데 관한 결의안"을 통과하고 공산국제의 무산계급언론사상의 당성원칙의 요구를 승인하였다.9) 중국공산당은 공산국제의 이런 요구에 근거하여 자기의 당 기관지와 여러 가지의 출판물을 출판하고 당 기관지 편집위원회를 설립하고 신문의 趣旨와 편집방침을 제정하여 초기의 중국공산당의 언론사상 을 나타냈다. 그 것을 귀납하면 신문의 성질과 작용 및 임무로 귀결 할 수가 있다.

우선 신문의 階級性을 명확히 제기했다. 개편된 新靑年(중공중앙 이론기관 잡지 1925. 6. 15)은 계급분석의 시각에서 "자본가는 신문 사를 만들고 신문사는 여론을 만드는 것은 全世界 민주공화국 신문 의 보편적인 현상"이므로 무산계급신문만이 노동자 등 인민들의 목 소리를 대변할 수가 있다고 했다. 그러면서 新靑年은 "무산계급혁 명의 羅針盤"10)이라고 했다. 중공중앙 노동조합 기관지인 勞動週 報는 "영업성질을 갖지 않고 전문적으로 노동자의 이익을 대변"11) 하는 것이라고 했다.

다음으로 신문의 임무를 명확히 제기했다. 중국공산당 前衛組織 인 중국청년단 기관지인 中國靑年, 중공중앙 첫 정치기관지인 向道 에서는 광대한 인민들에 대한 선전과 조직을 신문의 제일 중요한 임무라고 했다. 毛澤東은 政治週報 發刊詞에서 다음과 같이 쓰고 있다.

---

9) 레닌은 1920년 7월에 《공산국제가입조건》, 1921년에는 《공산국제가입 조건》 제12조항을 썼다. 여기에는 "당은 반드시 여러 가지 기관지(출판 물)를 장악해야하고 일체 출판기구는 반드시 당 위원회에 복종해야 한 다."는 요구가 담겨져 있다.

10) 新靑年 제1호 1923

11) 勞動周報發刊詞

"무엇 때문에 정치주간 발간하는가? 혁명을 위해서이다. 무엇 때문에
혁명을 하는가? 중화민족으로 하여금 해방을 얻게 하기 위해서고 인민
이 통치권을 얻게 하기 위해서이고 경제적인 행복을 얻게 하기 위해서
이다."12)

2. 중국공산당의 黨報의 기본적인 이론

중국공산당은 당 초기부터 신문사업을 혁명의 一翼으로 간주하면
서 어려운 전쟁연대에도 꾸준히 실천해 나아갔다. 1930년대와 1940
년대에 이르기까지 중국공산당 신문사업은 비교적 큰 발전을 가져왔
고 40년대 延安 黨整風運動과 解放日報 개혁을 통해 중국 마르크
스주의 黨報이론이 형성되었다. 1942년에 시작한 黨의 整風運動은
전체 공산당원에 대한 마르크스주의 교육운동이었다. 整風의 주요
임무는 주관주의를 반대하여 學風을 바로잡고, 宗派주의를 반대하
여 黨風을 바로잡고, 黨八股를 반대하여 文風을 바로잡는 것이다.
整風運動의 요구에 따라 중공중앙 선전부에서는 1942년 3월 16일
에 《黨報에 관한 중공중앙선전부의 통지》라는 강령성적인 문건을
발표하였다. 통지는 "신문은 당의 선전, 선동사업의 제일 유력한 수
단이다. 매일 數萬 名의 군중과 연계를 달고 영향을 준다. 때문에
신문을 잘 꾸리는 것은 당의 중심 사업이다. 각 지방 당 지도부에서
는 마땅히 자기의 신문에 대해 특별한 주의를 돌려야한다. 특히 毛
澤東同志의 3風(學風, 黨風, 文風)정돈의 호소에 따라 신문을 검
사하고 개조해야한다."라고 강조하였다.

통지는 계속하여 신문의 정돈과 개혁에 대해 아래와 같이 4가지
면에서 요구하고 있다.

---

12) 政治週報 제1기 1925 .6. 4

① 신문의 내용: 신문의 주요 임무는 당의 정책을 선전하고 당의
정책을 관철하고 당의 사업을 반영하고 군중생활을 반영하여
야 한다. 이래야 만이 명실상부한 黨報이다. 만약 신문이 대부
분 지면을 할애하여 국내외 통신사의 뉴스만 다룬다면 黨性이
부족하거나 다른 사람들의 통신사의 선전원으로 된다. 이러한
신문은 당의 임무를 완성하지 못한다. 만약 각지 당의 신문이
이런 폐단이 있다면 즉시 개정하여야 한다.

② 黨報편집부와 黨報의 관계: 신문이 진정으로 당의 신문으로
되자면 반드시 편집부의 사업을 강화해야한다. 각급 黨委(당
위원회의 약칭)의 영도기관이 직접 편집부의 사업을 책임지고
편집부와 당의 영도기관의 정치생활과 호흡을 같이 하여야 한
다. 당의 사업, 항일전쟁, 현지의 군중운동과 생활이 경상적으
로 당의 신문에 반영되어야 하며 또 중요한 지면에 게재되어
야 한다. 그리고 黨, 政, 軍, 民의 주요한 책임자는 항상 黨
報에 投稿를 해야 한다.

③ 黨報의 戰鬪性 强化: 당 신문이 전투성이 있는 신문으로 되자
면 적당한 자아비평을 해야 한다. 사업 중의 장점은 찬양을 하
고 사업 중의 착오는 비판을 하면서 신문으로 하여금 여러 방
면의 사업을 지도하게 해야 한다. 당 신문에서는 능히 여러 가
지 다양한 관점으로 논쟁을 할 수가 있으며 일체 非黨員 인사
가 善意적인 입장에서 당의 여러 방면의 사업에 대해 비평과
建議를 발표할 수가 있다.

④ 黨報의 文體: 각급 黨報의 문체는 반드시 통속적이고 간결해
야한다. 일반 간부들이 알기 쉽게 써야 할 뿐더러 일정한 문화
정도가 있는 군중들도 볼 수가 있게 해야 한다. 통속적이고 간
결한 표준은 글을 조금 알고 정치지식이 조금 있는 사람들이
신문의 내용을 알 수 있는 것이다.13)

1942년 4월 1일자 解放日報는 개편 후 "독자에게"라는 첫 사론을 발표하였다. 사론에서는 解放日報가 진정으로 당 신문으로 거듭 나기 위해서는 黨性, 群衆性, 戰鬪性, 組織性을 강화할 것이라고 했다.

解放日報의 개혁은 1942년 3월에 시작하여 1945년 8월 중국공산당 7차 대표대회이후까지 지속되었다. 이 기간을 대체적으로 4단계로 나뉜다.

1942년 3-8월까지는 1단계이다 이 기간에는 3風을 정돈하고 版面개혁을 하였는데 1면은 국제면, 2면에는 국내면, 3면은 根據地면, 4면은 邊區면으로 나누고 국내외 통신으로 지면을 채우던 관례를 없애고 邊區와 根據地인민의 생활과 투쟁을 위주로 당의 노선, 방침 정책을 선전하였다.

2단계는 1942년 9월부터 1943년 3월까지이다. 신문사는 편집위원회로 主筆책임제를 대처하고 全黨이 신문을 꾸리는 방침과 신문의 군중사업을 강화하였다.

3단계는 1943년 4월부터 1945년 4월까지이다. 이 시기는 大生産운동과 典型보도(모범인물과 모범사적)의 선전형식으로 선전예술을 개진하였다.

제4단계는 1945년 5월부터 1945년 8월까지이다. 이 시기는 주로 모택동이 당 7차 대회에서 한 "연합정부를 논함"이라는 보고서에서 천명한 "이론과 실제를 결부시키고 군중과 밀접히 연계를 하고 비평과 자아비평"을 하는 당의 3대 작풍정신에 따라 당의 신문사업의 경험을 총화하고 개진하였다.

解放日報 개혁을 통해 중국공산당은 마르크스주의 언론관을 수립하고 당의 언론대오 건설을 강화하고 전체 당이 신문을 꾸리고 전체 대중이 신문을 꾸리는 방침을 실행하였다.

---

13) 《中國共産黨新聞工作文件彙編》 상, (新華出版社 1980), pp.126-127

중국공산당의 당 신문이론의 학술과 실천의 원천은 ① 20세기 20
년대 와 40년대 무산계급신문실천의 경험과 교훈, ② 마르크스 레닌
및 공산국제, 소련의 당과 정부의 언론학 논술과 문헌, ③ 毛澤東
劉少奇, 陸定一, 博古, 張聞天, 胡喬木 등 지도자들의 논술, ④ 중
공중앙, 중공중앙선전부, 당의 각급 영도기관이 신문사업에 관한 문
건, ⑤ 解放日報 등 당의 중요한 언론지상에 발표된 사론과 언론학
논문 ⑥ 薩空了, 惲逸君 등 학자형 신문사업 지도자들의 신문학 저
작이다 (童兵 2000) 이런 여러 가지 문헌과 저술을 중국공산당의
당보 이론의 주요내용을 다음과 같이 정리할 수가 있다.

첫째, 黨報는 반드시 無産階級黨性原則을 견지하여야 한다.

黨性은 계급성의 집중적인 체현이며 당성원칙을 견지하는 것은
黨報工作의 핵심이며 영혼이다. 언론에서의 당성은 중국공산당의
당성원칙이 언론에서의 체현이고 당의 의지가 언론에서의 관철과 실
현이다. 延安 解放區의 신문개혁은 중국공산당이 당성원칙에 대한
한차례의 학습과 교육이다. 1942년 3월 16일 "中國共産黨宣傳部
爲改造黨報的通知"를 발표하였다. 통지에서는 신문의 주요 임무는
당의 정책을 선전하고 당의 정책을 관철하고 당의 사업을 반영하고
군중생활을 반영하는 것이다 라고 했다. 이렇게 해야 만이 진정으로
名實에 부합되는 黨報로 되는 것이며 만약 그렇지 못할 경우에는
당의 임무를 완성하지 못한 것으로 되며 이런 신문은 당성이 강하
지 못한 것이다. 그 후 당의 주요 지도자들의 연설이나 신화사 및
기타 당의 신문들에서는 黨報의 당성원칙에 대해 여러 가지로 천명
하였다. 그 주요 내용은 개괄하면 같다.

① 당 신문의 성질

당이 꾸리는 신문과 잡지는 거대한 집단적인 선전자이며 조직자
이다. 당은 이런 신문으로 선전하고 광대한 대중들의 여러 가지 활

동을 조직한다. 신문은 당의 喉舌이고 거대한 집단적인 喉舌이다.14)
모택동은 陝甘寧邊區 문화교육좌담회에서 다음과 같이 말했다. "반
드시 신문을 자기의 수중에 쥐고 일체 사업을 조직하는 무기로 삼
아야한다. 정치, 군사, 경제사업을 반영하고 정치, 군사, 경제사업을
지도하는 무기로 삼아야 한다. 군중을 교육하고 조직하는 무기로 삼
아야한다.", "과거 우리는 하나의 사업 방법을 알고 있었는데 그것
은 바로 회의이다. 그러나 방송, 신문을 이용하는 사업 방법을 배우
지 못하였다. 신문으로 많은 회의를 줄일 수가 있다. 때문에 신문을
중요한 사업 방식과 교육 방식으로 삼을 수가 있다."15)

② 당보의 특성
解放日報는 당의 신문은 반드시 당성, 群衆性, 戰鬪性, 組織性
이 구비되어야 한다고 했다. 원 解放日報 주필인 博古는 이 네 가
지 특성에 대해 다음과 같이 해석하였다.
당성이란 당의 입장, 당의 관점으로 문제를 분석하고 매 한편의
기사도 이런 관점이 체현되어야 한다.
군중성이란 우리의 신문은 군중의 신문이기도 하다. 군중의 관점
이 우리의 신문에 반영되어야하며 工 ,農, 兵의 생활과 사업이 반영
되어야하며 또 우리 신문은 광대한 통신원들에게 의지해야 한다.
조직자란 현실을 반영할 뿐만 아니라 현실을 지도해야하며 활동
을 조직하고 사업을 지도해야한다. 우리들의 생활 중에서 새로운 것
은 찬양하고 낡은 것은 비판을 하면서 조직, 지도역할을 해야 한다.
그러나 이러한 것들은 반드시 당의 방침과 노선의 指導하에서 당위
와 배합하여 진행해야 한다.

---

14) "黨與 黨報", 解放日報, 1942. 9. 22
15) "報紙是指導工作敎育群衆的武器", 《毛澤東新聞工作文選》, (新華出
　　版社 1983,) pp.112-118

전투성이란 당의 입장을 관철하고 자기의 역량들과 단결하고 반
대 세력과 투쟁하는 것이다.16)

③ 黨委와 당보의 관계

당보와 당위의 관계는 연안의 解放日報는 "黨과 黨報"라는 사설
에서 다음과 같은 원칙을 제시하고 있다. 당보의 성질로부터 黨報는
黨委의 喉舌이고 거대한 집단의 선전자이며 조직자이다 때문에 당
보가 黨委의 절대적인 지도 하에 있어야한다. 黨報의 사업일군들은
전반 당 조직의 일부분이다. 모든 것은 당의 의지로부터 출발해야하
며 一言一動, 一字一句에서 모두 당의 영향을 고려해야 한다. 또
黨委는 黨報에 책임을 져야한다. 반드시 全黨이 동원이 되어 黨報
를 꾸려야하며 그렇지 아니하면 진정으로 黨報가 집단적인 선전자
와 조직자가 될 수가 없다. 때문에 당의 영도기관은 黨報에 대한
중시를 돌리고 신문의 선전방침을 제정할 뿐만 아니라 하나의 새로
운 중요한 문제에 대해 수시로 선전방침을 제정하고 또 당위와 주
요 기관 지도자는 수시로 黨報에 기사나 의견을 발표하며 독보활동
도 잘 조직해야 한다.17) 黨報는 반드시 엄격하게 당의 입장에서 당
의 의지를 체현하고 당의 노선과 방침, 정책을 관철하고 선전해야한
다. 매 편의 논설, 통신, 뉴스 중에서 모두 당의 관점과 당의 견해가
관철 되어야 할 뿐만 아니라 더욱 중요하게는 신문은 반드시 전반
당의 방침, 당의 정책, 당의 동향이 군중과 밀접히 연계되고 호흡을
같이하여 당의 일체 정책, 일체 호소를 실현하는 첨병이 되어야 하
고 창도자가 되어야한다.18) 당성원칙을 강화하고 관철할 데 대해 黃
敏은 다음과 같이 말한다. "우리의 신문은 반드시 명확한 정치적인

16) 《中國共産黨新聞工作文件彙編》, 하 (新華出版社 1980), pp.203-205
17) "당과 당보", 《解放日報》 1942. 9, 22 참조
18) "致讀者", 《中國新聞事業史文選》, (中國人民大學出版社 1999), p.442

입장을 가져야 하며 이런 정치적인 입장으로 매 사건을 분석하고
보도해야 한다. 뿐만 아니라 인민들로 하여금 정확한 방향으로 인도
해야 한다". 博古는 "당보의 기자는 어떤 문제에서 주의를 돌려야
하는가?"는 글에서 당성이란 당의 입장, 당의 관점으로 문제를 분석
하고 매 편의 신문 논평이나 편집배치는 이것을 둘러싸고 進行해야
한다고 쓰고 있다.19)

毛澤東은 인간의 사상에 가장 영향력을 행사하는 수단20)인 黨報
의 당의 노선, 방침, 정책의 선전 작용에 대해 이렇게 말한다.

*"신문의 작용과 힘은 바로 당의 강령과 노선, 방침과 정책, 사업임무와
사업방법을 제일 신속하게 광대한 인민대중들에게 알리는 것"이다. "우
리의 정책은 지도자와 간부들만 알아야 할뿐만 아니라 광대한 인민대중
들도 알아야 한다. 유관 정책의 문제는 일반적으로 당의 신문지상이나
간행물로 진행해야 한다."21)*

둘째, 마르크스주의 유물론의 언론관을 견지하는 것이다.

당보이론의 철학적인 기초는 변증법적 유물론이다. 그 핵심은 뉴
스의 本源에 대한 해석과 인식이다. 뉴스의 본원에 대해 중국공산당
의 대표적인 신문이론가인 陸定一의 經典적인 해석이 있다. 유물론
자는 뉴스의 본질을 물질적인 것, 즉 사실이다라고 인정한다. 인류
의 자연투쟁과 사회투쟁 중에서 발생된 사실이다. 때문에 뉴스의 정
의는 최근에 발생된 사실에 대한 보도이다. 뉴스의 本源은 사실이
다. 뉴스는 사실에 대한 보도이다. 사실이 일차적이고 뉴스는 이차

---

19) 《新聞理論綱要》, (武漢大學出版社 1995), p.122

20) 《中國共産黨新聞工作文件彙編》 하, 상게서, p.57

21) 毛澤東, "對晉綏日報編輯人員的談話", 《新聞工作文獻選編》 (新化出
版社, 1990), p.71

적인 것이다. 이것은 유물론자적인 관점이다. 때문에 유물주의 新聞
工作者는 반드시 사실을 존중하여야 한다. 취재나 편집 중에서 모
두 객관적인 사실을 존중하여야 한다.22)

陸定一은 "우리들이 신문학에 대한 기본 관점"에서 유물론적 언
론관을 천명하고 유물론적 관점을 지닌 신문일군들은 반드시 사실을
존중하고 취재나 보도, 편집 중에서 모두 객관적인 사실을 존중하기
에 힘써야 한다고 하였다. 그는 1948년 3월 30일 晉綏日報기자들
과 담화할 때도 기자들이 선전보도를 할 때 마르크스- 레닌주의에
대해 곰곰이 생각해보고 중국사회상황을 곰곰이 생각해보고 구체적
인 문제를 잘 생각해보며, 구체적인 문제는 구체적으로 분석해야 만
이 착오를 피하고 커리쿵보도23)를 피하여 우리의 정치가 더욱 성숙
된 단계에 이르게 될 수가 있다면서 기자들은 언제나 냉철한 사고
를 해야 한다고 했다. 解放日報는 오직 사실을 존중하는 것과 혁명
적인 입장을 결합 할 때만이 철저한 유물주의 신문 공작자가 된다
고 하였다.24)

셋째, 黨報의 工作방법

黨報의 당성, 군중성, 전투성 및 조직성에 비추어 은 黨報의 공
작방법을 말하면 이론과 실제를 결부시키고. 군중과 밀접히 연계하
여 전당이 신문을 꾸리고 군중이 신문을 꾸리며. 비평과 자아비평을
결부시키는 것이다.

이론과 실제를 결부시키는 것은 중국공산당의 우량한 傳統이다.
黨報의 선전보도는 매 단계의 실제 사업과 긴밀히 연계하여야 한다.
1945년 5월 16일 解放日報는 "提高一步"라는 사설에서 이론과 실

---

22) 陸定一 "我門對于新聞學的基本觀點", 解放日報 1943년 9월 1일
23) 구소련의 사이비 신문기자의 이름, 중국에서 사이비 기자의 허위보도로
　　통함
24) "黨與黨報", 解放日報 1942. 9. 22

제를 결부시키는 것은 중국공산당의 사업 작풍일 뿐만 아니라 동시에 黨報가 반드시 갖추어야 할 사업 작풍이기도 하다라고 하였다. 사설에서는 계속해서 다음과 같이 쓰고 있다. "현재 우리는 단편적으로 실제를 반영한 것에 대해 만족을 하지 말아야 한다. 마땅히 체계적으로 실제를 반영하여야 한다. 우리는 실제 사업 중에서 경험을 총화 하여 이론으로 승화시켜야 하며 실제 사업 중에서 이론의 정확성 여부를 검증하여야 한다. 그리하여 부단히 진리를 추구하고 착오를 시정하여야 한다."25)

실제와 연계한다는 것은 군중과 연계한다는 것과 결합이 되어야 한다. 黨報가 가장 예리하고 유력한 무기(쓰탈린)로 되자면 철저히 당성을 관철하여야 하지만 또 군중과 밀접하게 연계를 하여 군중의 정서와 생활수요와 요구를 반영하여야하며 그들의 영웅적인 사적을 기록하여야 하며 그들의 고통과 의견과 목소리를 반영하여야 한다.26)

毛澤東은 晉綏日報 편집인원들과의 담화에서 "우리의 신문 역시 전체 인민대중과 전당에 의지해 만들어야 하며 몇몇 사람에게만 의지해 문을 닫아걸고 만들어서는 안 된다."27)고 말했다.

劉少奇도 黨報工作의 평가는 독자들의 만족여하에 달린다고 하면서 黨報를 꾸리는 것은 군중과 밀접히 연계를 하는 중요한 工作이며 독자가 우리의 주인이라고 강조하였다.

"우리들은 오직 모든 것을 광범한 인민의 이익으로부터 출발하고 모든 것을 인민대중을 위해 복무하여야 우리의 사업은 비로소 생명력과 의의가 있다. 오직 군중(생활)을 쓰고 군중을 학습하고 군중을 교육시키

---

25) "提高一步". 解放日報, 1945. 5. 16
26) "致讀者", 解放日報 1942년 4월 1일자
27) 毛澤東. "對晉綏日報編輯人員的談話".《新聞工作文獻選編》, 상계서, p.72

고 또 군중으로 하여금 (글을)쓰게 하고 군중이 (신문을)꾸리게 하여야
만 진정으로 군중과의 밀접한 연계를 실현하였다고 할 수 가 있으며 우
리의 (신문)사업도 한 계단 제고 될 수가 있다."[28]

3. 현 단계에서 중국 당보의 기본적 특징

공산주의 사회(사회주의 사회)에서 매스미디어(신문)은 당의 이데
올로기적 작업, 전 인민의 사회주의 의식의 강화, 제국주의 및 부르
죠아적 계급과의 전투를 위해 그 존재의미를 찾는다. 이데올로기적
투쟁이 격렬할수록 언론은 이념적 투쟁에 더욱더 복무할 것을 요청
받는다.(Karl-Marx-Universitat, 1978, p.24, 방정배 재인용) 따라서
신문 등은 당의 이념적 무기로서 노동자의 이데올로기적 정향에 기
여를 하고 그들의 정신적, 문화적 필요를 충족시키는데 기여함으로써
당의 정책도구로 기능할 것을 요구받는다. 그렇기 때문에 언론은 오
로지 당의 의지에 복속되며 마르크레닌주의 傳播에 기여하는 당보야
한다. "무엇을 시작할 것인가"와 "무엇을 할 것인가"에서 레닌은 혁
명의 필수적인 도구로서의 언론, 언론인의 사명감과 책임, 당과 언론
과의 관계를 천명하였다. 레닌의 혁명적인 도구로서의 언론관은 공산
주의 언론이론을 구축, 형성하고 있으며 그것은 오늘에 이르기까지
사회주의권 언론의 형성, 운영, 형태, 성격 등을 규정해왔다[29]. 현재
중국의 주도적인 신문도 당보이고 신문 집단 대부분도 당보이다. 때
문에 중국 당보에 대한 총체적인 인식이 필요하다. 우선 중국의 당
보에 대해 말하기 전에 정당 신문(공산당을 떠나서 여러 정당이나 정
치 단체의 신문)에 대한 일반적인 특징을 보면 다음과 같다.

---

28) "三論提高一步", 《中國新聞事業史文選》, (中國人民大學出版社 1994),
    p.294
29) 김지운 등 《비판커뮤니케이션》, (커뮤니케이션북스 2000), p.81

① 정당 신문은 선명한 정치적인 주장을 가진다.

② 정당 신문은 무엇보다도 사회 이익을 우선시한다.

③ 정당 신문의 興亡盛衰는 정당에 의해 좌우지 된다.

④ 정당 신문은 사설이나 논평을 중시한다. 不偏不黨이나 嚴正中立은 통속 신문이나 상업지의 생존 비결의 하나이다.

⑤ 정당 신문의 보도의 내용의 표준은 비교적 엄격하다. 당의 강령이나 정책, 원칙에 어긋나는 내용은 삼가 한다.

현재 중국에서 발행되는 신문 중 당보가 차지하는 그 사회적인 영향이나 사회적 지위는 아직도 다른 신문이 대체 할 수가 없다. 당보는 중국의 정치체제, 경제방식, 문화배경의 영향을 받아 다음과 같은 선명한 특징을 가진다30).

① 성격상 당보는 당과 정부의 대변자이며 또한 인민의 대변자이다. 당과 정부의 강령, 주장, 방침은 당보에 의해 전달되고 선전 된다.

② 당보는 선전과 정보전달의 역할을 한다. 중국에서 일간지는 거의 당보이고 당 보는 거의 종합성 일간지이다. 종합성 일간지는 사회에 정보를 제공하는 주요한 채널이고 기타 유형의 대다수 신문은 종합성 일간지의 보충적인 역할을 한다. 때문에 당보는 선전기구인 동시에 사회에 정보를 전달하는 주요한 채널이다.

③ 내용상 당보는 종합성 신문이다. 중국의 당보는 다른 신문과 비교할 수가 없을 만큼 내용이 복잡하고 다양하다. 이는 집권당으로서 사회전반을 이끌기 때문에 당보도 사회전반에 영향을 끼친다.

④ 당보는 상당한 권위를 가진다. 전통적으로 당보를 당 조직, 혹은 정부의 화신이나 대변자로 여기고 있기 때문이다.

⑤ 당보는 경영상에서 독특한 우월성을 가진다. 당보는 일반적으

---

30) 李良榮, 《中國報紙的理論與實踐》, (復旦大學出版社 1992), pp.186-167 참조

로 공급으로 주문을 받고 또 발행이나 기타 경제적인 면에서 혜택을 받는다. 뿐만 아니라 당보는 한 개 지구에서 하나뿐이어서 상대적으로 경쟁 상대가 없다.

⑥ 당보의 편집진이나 경영진은 가장 우수한 전문인들로 이루어진다.

상술한 것을 보면 당보는 어느 종류의 신문보다 권위가 있지만 경직되기 쉽다. 사실상 중국신문의 개혁은 경제적인 效益을 이루면서도 당보의 선전과 정보전달의 조화를 이루기 위한 목적도 있다.

제2절 중국 언론체계의 구성

국가장치는 국가의 계급적인 본질에 의해 결정되므로 사회주의 국가의 모든 법은 노동계급의 사회적인 존재기반 위에서 계급의 의지를 표현할 수 있도록 제정된다.[31] 즉 법은 국가 장치의 하나로서 집권정당의 문서나 정책 또는 기타의 방식으로 구체화 된 계급 의지의 표현 가운데의 하나일 뿐이다.[32] 1921년에 중국 공산당은 그의 최초의 黨章에서 중국 언론의 체계를 규정한 후 延安整風운동 시기를 거쳐 기존 체계와 규정을 확정하였다. 1949년 중화인민공화국 건국이후에 이러한 戰時의 언론체계가 중국의 정식적인 언론체계로 전환되었으며 비록 새로운 발전과 조정이 있었다고는 하나 그의 기본적인 일원적인 통제 특성은 일관되게 유지되어 왔다.[33]

중국에서 신문을 비롯한 언론은 국가행정조직의 산하기구이면서 동시에 당의 지도를 받고 있다. 언론에 대한 통제도 당의 지도와 감

---

31) V.치르킨 외, 《맑스주의 국가와 법이론》, (새날 1990), pp.216-219
32) V.치르킨 외, 상게서, p.73
33) 정혜정(1997), "중국식 사회주의 언론정책", 서강대학교 석사학위논문, p.10

독 그리고 정부의 행정력에 의해 이루어지기 때문에 중국 언론의
체계를 살피기 위해서는 중국의 정치권력의 구성체계를 살펴볼 필요
가 있다. 중국의 정치권력의 체계는 당, 정부, 군대 등 3개 체계로
구성되었다. 수직적인 측면을 보면 중국의 행정체계는 행정구역에
의해 구분되었다. 즉 中央級, 省級(省, 直轄市, 소수민족자치구),
地區級(성급 내에서 지역적 특성이나 소수민족 분포에 따라 몇 개
縣이나 혹은 縣級市를 불럭으로 한 지방행정단위), 縣級, 鄕級 등
5등급으로 나눈다. 수평적으로 보면 위와 같은 5개 등급의 행정구역
의 산하에 각각 6개의 당, 정, 군의 산하기구를 설치한다. 공산당산
하의 黨 委員會(약칭 黨委), 기율검사위원회(약칭 紀委), 정부체계
산하의 인민정부, 인민대표대회(약칭 人大), 정치협상회의(약칭 政
協), 군체 계산하는 軍區이다.

<표 1> 중국 공산당 정치권력의 구조

3대 체계		공산당 체계		정부 체계			군 체계
체계산하 6대 기구		당 위원회	기율검사 위원회	인민정부	인민 대표대회	정치 협상회	군구
5개층	중앙	당중앙	중기위	국무원	전국인대	전국정협	중앙군
	성	성위	성기위	성정부	성인대	성정협	성군구
	지구(시)	시위	시기위	시정부	시인대	시정협	군분구
	현	현위	현기위	현정부	현인대	현정협	무장부
	향	향위	기검조	향정부	향인대		무장부

※ 주봉의 논문 p.56 <표 2.1>에서 수정 게재.

위와 같은 3개의 체계, 5개의 행정구역, 6개의 黨, 政, 軍의 기구
는 중국 정치권력체계를 구성하는 기본 조직이다.
중국은 전반 사회체계를 6개의 系統(영역)으로 나누고 있으며 이
계통에 대해 모두 당의 부설기관(상설 부문과 비상설 부문)을 설치

하고 각 계통을 관리한다. 이 6개의 계통은 군사영역, 政法영역, 행
정영역, 선전영역, 통일전선영역, 민족단결영역이다. 당이 국가의 총
정치방향을 제정한 후 6개 영역에서 준수하여 할 지침을 만들고 자
신의 영역과 관계가 있는 기구에 발포하여 국가의 정책을 추진한다.
공산당의 권력구조를 사람의 골격에 비유하면 계통은 사람의 피와
살이며 공산당의 신경체계에 해당한다(주봉의, 1994). 이 6개의 계
통 중에 선전계통은 신문을 비롯한 언론에 대한 통제와 지도를 책
임지고 있다. 선전체계에 있어서 당의 宣傳部는 전국의 선전업무에
총책임을 지고 있으며 언론매체와 문화사업을 지도한다.

　중국의 언론체계는 위에서 소개한 중국의 정치체계와 같이 수평
적으로 黨, 政, 軍 3개의 체계, 수직적으로 5개 급의 행정구역에 의
해 구성된다. 대체적으로 인민정부의 행정지역은 당의 지도를 받아
야 한다. 따라서 일반적으로 인민정부 산하에 무슨 기구가 설치되면
당도 똑 같은 기구를 설치한다. 당의 기관이 정책을 관장하고 인민
정부의 행정기관이 실제적인 업무를 관장하는 것이다.

　중앙 선전부는 중국공산당 중앙위원회 산하의 기구로서 전문적으
로 전국의 선전업무를 책임지는 기관이며 정치상의 선전과 교육을
관장한다. 전국의 각급 행정당위위원회에서도 선전부를 설치하고 각
급 행정지역의 선전업무를 지도하게 한다. 각 급 黨委 선전부는 상
급 기관의 지도를 받으면서도 하급 선전기관의 선전 업무를 감독,
그리고 지도한다. 이러한 피라미드식 구조로 위에서 아래로 한층,
한층 선전업무를 감독 지도하면서 중앙의 정책과 방침이 하급 간부
와 인민에게 전달되고 관철된다. 선전부는 정기적으로 선전 요점을
전국의 모든 언론매체에 배포하고 그들로 하여금 이 선전 요점에
따라 당과 정부의 정책방침을 선전한다.

　중앙 선전부가 언론의 선전지침을 제정한다면 중국의 언론을 관리하
는 행정기구는 國家新聞出版總署와 國家廣播電影電視總局이다. 전자

는 신문 및, 출판사업의 관리를 담당한다. 각 급 지방정부에는 이에 해
당되는 신문출판국이 설치되어 그 지역에 해당되는 신문, 및 출판사업
을 관리한다. 國家新聞出版總署의 주요한 임무는 다음과 같다.

① 신문, 출판과 관계가 있는 법률, 법령, 규정과 제도를 기초하고
　국무원의 동의를 얻어 전국 각 신문, 출판기구에 공포하고 실
　행하도록 한다.
② 신문, 출판을 관리하는 방침, 정책을 제정하고 신문검열을 집
　행한다.
③ 신문, 출판사업의 발전계획을 제정하고 신문, 출판사와 간행물
　의 신설, 신청을 심사한다.
④ 관계부문과 협조하여 도서, 신문, 간행물의 시장을 관리하고
　불법출판활동을 규제 한다.
⑤ 도서, 신문과 간행물의 인쇄와 물자 공급을 관리하고 도서의
　발행을 관장한다.
⑥ 도서, 신문과 간행물의 대외교류, 무역과 협력을 관장한다.

　국가신문출판총서는 報紙管理局, 期刊管理局, 圖書管理局, 國
家板權局, 印刷管理局, 發行管理局, 人事敎育司, 企劃財務司, 政
策研究室, 外事辦公室, 新聞出版室 등 부서들이 있다.
　廣播電影電視總局는 국무원산하의 방송선전과 방송사업을 관장
하는 기구이며 언론의 선전기관이며 전국의 방송, 영화사업을 지도
하고 관리하는 기구이다. 국무원의 廣播電影電視總局은 직접적으
로 중앙라디오방송국, 중앙텔레비죤방송국, 중국국제방송국[34]을 지
도하며 지방 각급 행정정부의 廣播電視局 역시 현지의 선전기구이

---

34) 2002년 이 세 방송국은 中國廣播電視電影集團으로 되었다.

면서 동시에 현지의 방송사업을 관리하는 기구이다.

중국의 신문은 국가 행정조직기구나 당 조직의 한 개 구성부분이기 때문에 級別이 있다. 또 1952년 중국의 모든 언론매체가 국유화 된 후 중국에는 私營신문이 존재하지 않는다. 신문은 반드시 명확한 主管部門이 있어야만 허가가 되고 또 각급 행정부서에서 자신의 선전필요에 의해 신문(기관지)을 꾸리었기 때문에 신문의 主管 部門에 따라 級別이 있기 마련이다. 중국의 신문은 일반적으로 中央級, 省級, 地方級으로 나눈다.35) 中央級은 말 그대로 중공중앙의 각 부서나 혹은 중앙정부의 각 부서에서 꾸린 신문들이다. 예 하면 人民日報는 중공중앙의 당 기관지로서 중앙급 신문의 대표이고 마르크스-레닌주의 및 중국공산당의 노선, 방침, 정책을 선전하는 총 지휘부이다. 이 밖에 解放軍報(中國人民解放軍總政治部), 光明日報(中共中央辦公廳주최) 工人日報(中華全國總工會), 農民日報(中華人民共和國農業部), 法制日報(中共中央政法委員會), 中國靑年報(共靑團中央), 中國婦女報(全國婦女聯合會), 人民政協(中國人民政治協商會) 등등이다.

省級 신문은 말 그대로 省級 黨委의 각 부서와 정부의 부서에서 꾸리는 신문들이다. 예를 들면 吉林日報(中共吉林省黨委), 北京日報(中共北京市黨委) 등이다.

省級 신문이나 地方級 신문들은 상급부문의 정책을 신속하게 전달하면서 본 지역의 특색을 나타내기 때문에 중앙지들보다 비교적 생동하고 활발하고 나름대로의 색깔을 가지고 있다.

---

35) 중국신문연감 2002년 통계수치에 의하면 2001년 중국신문종류의 총수는 2111종 그중 중앙급 신문이 210종, 성급 신문이 782종 지구(시)급 신문이 882종 현급 신문이 237종이다.

제3절 중국사회주의 언론정책

1. 시장경제도입전의 언론정책

1) 사회주의로 변화 시기(1949-1956)

1948년 11월 8일 중공중앙에서는 "關於新解放城市中外新聞雜誌通信社處理方法的決定"을 반포하여 국외신문잡지와 통신사들이 지켜야 할 규칙을 제정하였다. 이 결정에서는 다음과 같이 쓰고 있다. "신문과 잡지. 그리고 통신사는 일정한 계급, 정당과 사회단체가 계급투쟁을 진행하는 일종 도구이지 생산사업이 아니다. 때문에 사영 신문이나 잡지, 통신사에 대해 私營工商業과 똑 같은 정책을 실시할 수가 없다."36) 1949년 11월 1일에 전국 신문사업을 통일적으로 관리하는 國家新聞出版署가 설립되었다. 이는 중국에서 언론에 대한 행정관리의 실험이었다. (1952년 이 기구가 폐지되고 다시 중앙선전부에 귀속되었다. 1987년에 국가신문출판서로 회복되었다.) 1949년부터 1956까지 중요한 언론정책들은 다음과 같은 것들이 있다.

첫 번째 중요한 정책은 1950년 4월 19일에 내린 "關於在報紙刊物上展開批評和自我批評的決定"이다. 신문과 잡지로 하여금 비평과 자아비평의 작업을 강화하여 정권을 새로 잡은 공산당 내부의 관료주의를 방지하기 위해서이다. 이 결정은 다섯 개 부분으로 되어 있는 데 비평과 자아비평의 중요성, 정확한 입장과 태도, 그리고 지켜야 할 원칙들을 명시하고 있다. 이 결정의 공포는 언론의 활력을 증강시키고 언론의 사회 및 정치의 감독기능을 가능케 하였다.

두 번째로는 비평에 대한 규범적인 제한을 둔 것이다. 1953년 3

---

36) 《中國共產黨新聞工作文件彙編》 上, (新華出版社 1980). p.189

월 宜山農民報가 宜山地委를 비판한 사건에 대해 "中宣部關於黨報不得批評同級黨委問題及廣西省委宣傳部的指示"를 내려 신문은 同級의 당위를 비평할 수가 없다 라고 규정하였다. 이 지시에는 다음과 같이 쓰고 있다.

黨報는 당위의 기관지이다. 黨報의 편집부는 신문으로 당위와 대립할 수 있는 권력을 가질 수가 없다. 黨報 편집부가 부동한 의견이 있다면 자기의 권한 내에서 당위에 제출하거나 필요시에는 상급 당위, 상급 黨報 혹은 당 중앙에 직접 제출할 수가 있다. 그러나 상급에 請示를 구하지 않고 함부로 신문에서 당위를 비평하거나 신문을 이용하여 당위와 논쟁을 진행하여서는 안 된다. 이는 일종 당위의 영도를 이탈한 현상이며 또한 엄중히 조직과 規律을 무시한 현상이다.37)

이 지시가 발표한 후로부터 黨報는 同級黨委를 비판 할 수가 없다라는 것은 黨報와 당위의 관계에서 반드시 지켜야 할 원칙으로 되었다. 그러나 이 원칙이 후에는 오래 동안 "어느 상황에서도 당 간부를 비판 할 수가 없다."38)는 식으로 잘 못 이용되기도 하였다.

1954년 毛澤東은 胡喬木등과 담화를 하면서 "報紙上的批評要實行 開, 好, 管 的方針"이라는 3자 방침을 제정하였다. "신문에서 비평은 開, 好, 管 의 3字 방침을 실행하여야한다. 開는 비평을 전개한다는 뜻이다. 비평을 전개하지 않고 비평을 무서워하고 억제하는 것은 옳지 못하다. 好는 비평을 잘 전개해야 한다는 뜻이다. 비평은 정확하고 인민에게 유리하여야 하며 함부로 하여서는 안 된다. 어떤 것에 대해 이름을 밝혀야 하고 어떤 것에 대해 이름을 밝히지 말아야 하는 것은 사전에 상세히 연구를 해야 한다. 管은 바로

---

37) 《新聞工作文獻選編》, 상게서, p.261

38) 童兵, 《新聞學論叢》, (人民日報出版社 1988), p.61

비판된 일에 대해 책임을 져야한다는 것이다. 이것은 비평의 관건이다. 당위가 책임을 지지 않는다면 비평을 전개 할 수도 없거니와 비평을 해도 제대로 할 수가 없다."39)

　1954년 7월 17일 중공중앙은 전국 제2차 신문공작 사업회의에 토론결정 된 "中共中央管於改進報紙工作的決議"를 반포하였다. 이 결의는 건국 후 당의 신문의 성적과 결함에 대한 총화, 당 신문사업의 개혁의 중점, 당 신문의 비판사업, 노동자 신문을 비롯한 여러 신문의 발전, 신문사 일군의 배양, 신문사에 대한 당의 영도 등 6개 부분으로 나누었다. 이 결의에서는 특히 언론에 대한 당의 영도를 강화하고, 신문의 비평은 정확하고, 당의 指導하에서 진행하여야 하며 신문의 개혁의 중점은 이론 선전, 당 생활선전, 경제선전, 국제문제선전, 논평사업이며 당성과 사상성을 강화하여 사회주의로 過度하는 국가의 총 노선 및 제2차 국가의 5개년 경제 계획을 선전하는 것이 이 시기의 언론의 과제임을 명시하였다.

　또 이시기에 중국의 언론들은 구소련의 언론을 따라 배우는 운동을 하였다. 구소련의 언론이론은 중국 언론에 적극적인 영향을 주었다. 그러나 소련 언론을 학습하는 과정에서 중국의 현실과 결부시키지 않고 너무 교조주의 수렁에 빠지기도 했다. 특히 신문은 소련의 眞理報(쁘라우다지)를 답습하여 매일 사설 한편을 싣거나 매 편의 뉴스나 논평이 강령성적인 문건이나 지시를 대변하는 작용을 하였다. 그리고 眞理報가 착오가 없는 신문이니 人民日報도 착오가 없는 신문이 되기 위해 노력하고 眞理報가 광고를 싣지 않으니 人民日報도 광고에 중시를 하지 않았다40).

---

39) 《毛澤東新聞工作文選》, (新華出版社 1983), p.177
40) 黃瑚. 《中國新聞發展史》, (復旦大學出版社 2001), p.316

2) 전면적인 사회주의 건설시기(1957-1966)

1956년까지 사회주의 개조가 대체로 완성되고 1966년 문화대혁명이 발발하기직전까지 중국은 전면적인 사회주의 건설시기이다. 1956년까지 중국에서 자본주의 경제의 私有制가 모두 사라지고 무산계급과 자본계급간의 모순도 기본적으로 해결되었다. 1956년 9월 중국공산당은 8차 전국대표대회를 소집하고 중국의 주요모순은 노동계급과 자본계급간의 모순이 아니고 현실적인 경제, 문화의 발전수준이 인민의 욕구를 충족시키지 못하는 것이 주요모순이라고 하였다. 그러면서 전국인민의 주요한 임무는 사회생산력을 발전시키는 것이다라고 호소하였다.

그러나 당시에 스탈린에 대한 비판, 헝가리, 폴란드 등 사회주의국가의 혼란의 영향을 받아 중국 내에서도 학생들의 수업거부, 노동자파업 등 사회적 사건들이 나타났다. 1957년 2월7일 毛澤東은 "關於正催處理人民內部矛盾"라는 글을 발표하였다. 이는 당시 전국적인 혼란한 사회적 분위기를 수습하고 사회의 단결을 회복하기 위해서이다. 이 글에서 毛澤東은 국가의 통일, 인민의 단결 그리고 국내 각 민족의 단결은 국가의 건설사업을 이루기 위한 기본적인 담보라고 강조하였다. 또 그 해 3월에 毛澤東은 全國新聞工作會議에서 "百花齊放, 百家爭鳴"원칙을 계속하여 강조하고 전국인민들의 당에 대한 비평을 적극적으로 수용하여야한다고 하였다. 따라서 人民日報를 비롯한 文匯報, 光明日報 등 전국의 신문들은 자연스럽게 사회여론을 표출하였다.

그러나 이런 鳴放운동(당시 당조직과 당간부에 대한 비평과 건의를 鳴放 이라고 하였다)이 약 한 달간 진행된 후 중국정치는 반우파 투쟁으로 이어져 1957년 6월 9, 10, 11, 12, 14일에 걸쳐 연속적으로 우파를 반격하는 사론과 편집부의 글을 人民日報는 발표하였다. 그중 14일에는 우파분자에 동조하였던 文匯報와 光明日報를

기본정치방향이 자산계급방향으로 변하였다고 이름을 찍어 비판하였
다. 반우파 운동을 기점으로 중국의 신문은 중국 공산당의 권력투쟁
을 진행하고 자신의 적을 공격하는 수단으로 전락되었다. 하여 신문
은 진실성과 정당한 비판성을 상실하여 심각한 좌경의 주관주의에
빠지고 점차적으로 객관성도 상실하였다.

　반우파 투쟁운동이 중국 신문의 객관성과 진실성을 상실하는 시작
이라면 大躍進運動은 이런 현상을 고조시켰다고 할 수가 있다.
1958년 5월 중국공산당 제8차 인민대표대회 제 2차 회의는 "모든
힘을 다하여 최선을 다해 더 많이, 빠르게, 좋게, 절약하여 사회주의
를 건설하자"라는 정치노선을 발표하였다. 따라서 신문들은 이 새로
운 정책의 실행을 위해 적극적으로 선전을 펼치었다. 그러나 선전은
일면적으로 "빠르다(快)."와 "고속도(高速)"만을 강조하여 당시 중
국의 객관적인 경제 환경을 무시한 荒唐한 거짓보도를 많이 하였다.
(이런 현상을 당시에 放衛星, 즉 위성을 쏘아 올렸다라고 표현한다.)

　이러한 大躍進 시기의 선전보도는 객관적인 실제를 이탈하여 극심
한 주관주의에 빠지게 하였다. 이리하여 이 시기 과거 중국신문은 제
일 중요한 요소였던 비평과 자아비평의 기능이 거의 상실되었고 또 따
라서 언론의 진실성도 희박해져 점차적으로 인민대중을 이탈하였다.

3) 문화대혁명시기(1967-1976)

　1965년 11월 10일에 上海의 文匯報는 姚文元이 쓴 "評新編歷
史劇 '海瑞罷官'"을 발표하였다. 이 문장은 그 후 전국의 신문들에
轉載되었고 사실상 문화대혁명의 발단으로 되었다. 문화대혁명은 어
떤 면에서는 중국공산당의 내부 권력투쟁이라고 할 수가 있다. 모택
동의 지지를 얻은 江靑을 비롯한 四人幇이 정치권력을 탈취하기
위해 전국의 언론기구를 통제하였다.

　문화대혁명의 10년 동안 계급투쟁은 중국의 가장 중요한 정치노

선이었다. 신문은 자연히 이 계급투쟁의 노선에 따라 사회에서 산재하는 반동분자를 공격하는 도구로 되었다. 다시 말하면 "신문은 계급투쟁의 도구"가 되었다. 四人幫은 바로 언론을 여론공장으로 전락시키고 "사실은 정치를 위해 복무해야한다."라는 논조를 폈다. 하여 언론에는 仮, 大, 空 즉 거짓말을 하고 큰소리를 하고 빈말을 하면서 언론의 본연의 기능을 상실하고 완전히 일종 계급투쟁의 무기로 전락되었다.

건국초기의 언론정책은 경제적인 당시의 사회 환경에 따라 언론의 경제적인 측면을 전혀 고려하지 않았지만 그래도 비평보도 등면에서 매우 건전하였지만 반우파 운동 이후에는 점차 좌경의 유심주의에 빠지게 되어 언론의 정상적인 모습을 잃어가고 점차적으로 정치투쟁이나 계급투쟁의 수단으로 전락되었다.

2. 시장경제도입이후 중국의 기본 언론정책

1) 시장경제도입이후의 중국사회환경의 변화

1978년 12월에 중국공산당은 중화인민공화국 역사상 새로운 전환점이라고 할 수 있는 11기 3차 전원회의를 열었다. 이 회의에서 毛澤東에 대한 개인숭배의 정치적 이념을 비판하고 "以階級鬪爭爲綱(계급투쟁을 기본 고리)"의 左傾路線을 시정하였다. 그리고 사상을 해방하고 실사구시노선을 추구하며 사업의 중점이 사회주의 현대화 건설-경제건설로 전이하였다. 1978년 중국의 국가 정책이 계급투쟁 노선에서 경제건설 노선으로 전환한 이후 중국의 언론정책도 달라지기 시작했다. 실사구시노선은 언론정책에 미친 제일 중요한 영향은 바로 언론과 경제체제간의 새로운 관계를 재정리한 것이다. 마르크스주의의 하부구조(토대)의 변화가 상부구조(상층건축)에 영향을

줄 것이라는 원칙에 따라 새로 내세운 경제정책은 이데올로기의 범
주에 속하는 언론도 새롭게 변모할 필요성을 가진다. 고도 집중의
계획경제 시기에는 언론매체가 주로 상부구조로 간주되었고 정치투
쟁, 계급투쟁의 중요한 도구로 사용되었다. 그러나 사회주의 시장경
제를 추구하는 사회조건 하에서 언론은 경제의 하부구조와 이데올로
기의 상부구조 두 차원에서 모두 중요한 위치를 차지하였다. 당의
선전도구로서 언론은 당과 정부의 방침, 정책, 주장을 선전해야한다.
이것은 이데올로기 통제의 상부구조 범주에 속하고 기능은 주로 당
과 정부의 기관지가 담당한다. 정보전달의 도구로서 언론이 서비스
업의 범주에 속하게 되어 언론은 서비스업의 상품이면서도 소비영역
의 상품으로 되기도 한다. 이 차원에 있어서 언론의 기능이 실제의
사회경제환경에 의해 좌우지 된다. 따라서 과거에 있어 언론이 정
치를 중심으로 해서 기능하였지만 오늘에 있어서는 정치와 경제를
중심으로 해서 그의 기능을 수행하여야 한다. 다시 말하면 중국 언
론 고유의 당의 선전도구 기능을 제외하고도 하나의 서비스 상품으
로 서 가져야 하는 능동성, 적극성과 창조성에 대한 강조도 개혁개
방 이후 중국 언론정책 제정의 새로운 중심이 되었다. 이를 테면 언
론의 진실성, 객관성, 및 시의성은 개혁개방 이후 언론정책이나 언
론개혁에서 늘 강조되는 주요한 문제이며, 언론의 객관적인 규율을
확보하기 위해 언론의 비평과 자아비평의 기능의 회복도 새 시기
언론정책이 강조하는 중점이다. 그러나 좌경의 정치노선에 의해 왜
곡된 언론정책의 부족 점을 규정하는 것이 개혁개방 이후 중국 언
론의 주요한 방향이지만 언론이 당과 인민의 喉舌이고 당성 원칙을
견지하고, 언론은 반드시 사회주의를 위해 봉사해야 한다는 것은 역
시 언론이 지켜야 할 최고의 준칙이다.

<표 2> 세 개의 경제체제모델

	소유제	배분메커니즘	의사결정제도
스탈린형·소련형 경제체제	국유제	계 획	중앙집권제
모택동형 경제체제	공유제	느슨한 계획	느슨한 집권제와 행정적 분권화
등소평형 경제체제· 사회주의 시장경제	공유제를 핵으로 하는 다중소유제	계획과 시장의 병존으로부터 시장추세로	분권화

※ 나카가네 키츠지 저, 이일영 역, 『중국경제발전론』, (나남 2001), p.248
재인용.

2) 개혁개방 이후 중국의 주요한 언론정책(1978년 이후)

개혁개방 이후 중국의 언론정책은 鄧小平, 胡耀邦, 江澤民, 李瑞
環 등 당의 중요한 지도자들의 여러 가지 지시 하에서 제정되었다.
1979년 등소평은 4가지 기본원칙(사회주의, 무산계급독재, 공산당
영도, 마르크스-레닌주의와 毛澤東사상)을 견지할 것을 제기 하면서
자산계급 자유화를 반대할 것을 명확히 하였다. 1979년 그는 "目前
의 形勢와 任務"라는 글에서 당의 언론들은 전국의 안정단결 사상
의 중심으로 되어야 한다고 강조하면서 언론은 반드시 사회주의 우
월성을 선전하고 마르크스-레닌주의 毛澤東사상의 정확성을 선전하
여야 하며 당의 영도와 당과 인민들이 일심동체가 된 위력을 선전
하여야 한다고 했다[41]. 1985년 1월 29일 중공당중앙은 정식으로 향
후 언론의 지도방침인 "關於當前報刊新聞廣播宣傳方針的決定"을
반포하였다. 이 문건은 당 중앙에서 개혁개방 이후 처음으로 되는
언론사업에 관한 강령성적인 문건이다. 이 문건에서는 신문, 간행물,
라디오, 텔레비죤은 당이 사상, 정치작업을 진행하는 중요한 무기라

---

41) 《鄧小平文選》 제2권, (人民出版社 1983), p.255

는 기본방침을 강조하였다[42]. 뿐만 아니라 새 정책에 부합되는 선전, 보도의 중요한 방침을 밝히었으며 특히 언론매체의 정치감독기능인 비평과 자아비평을 강조하기도 했다. 이 결정은 주로 다음과 같은 6개 면에 대해 요구하였다.

① 신문과 간행물, 방송(라디오, TV)는 반드시 엄격하게 당의 11期 3中全會 이후의 노선, 방침, 정책을 선전하여야 한다.
② 네 가지 기본원칙을 견지할 것을 열심히 선전하여야 한다.
③ 사회주의 고도의 정신문명건설에 대해 대폭적으로 선전하여야 한다.
④ 表彰과 비평의 관계를 정확히 처리하여야 한다.
⑤ 신문, 잡지의 문예작품과 논평, 라디오, 텔레비죤 방송의 문예 프로그램은 반드시 인민을 위해 봉사하고 사회중의를 위해 봉사하는 방향을 견지하여야 하며 백화제방, 백가쟁명의 방침을 철저히 관철하여야 한다.
⑥ 신문과 잡지, 라디오방송, 텔레비죤 방송은 당의 여론기관으로서 조직 기율성을 강화하여야 한다.

1985년 2월8일 胡耀邦은 중앙서기처 회의에서 "關於黨的新聞工作"이라는 제목으로 발언을 하였다. 이 발언에 대해 중국의 유명한 언론학자인 童兵교수는 1981년 이후 중국 언론계가 언론에 대한 학습, 비평, 개혁과 재인식의 집중적인 반영[43]이라고 하였다. 胡耀邦은 이 발언에서 중국사회주의 언론의 성격에 대해 다음과 같이

---

42) "中共中央當前報刊新聞廣波宣傳方針的決定", 《新聞工作文獻選編》, 상게서, p.280
43) 《20世紀中國新聞學與傳播學－理論新聞學編》. (復旦大學出版社 2001), p.372

정의하였다.

"우리의 언론사업은 어떤 성질의 언론 사업인가? 한마디로 말하면 당의 언론 사업은 당의 喉舌이기 때문에 당에 의해 지도되는 인민정부의 喉舌이면서도 동시에 인민의 喉舌이다...당의 언론사업은 충분하게 당의 喉舌의 기능을 발휘하여야하고 정부의 상황을 인민에게 전달하면서도 동시에 인민의 목소리를 정부에게 전달하여야 한다. 언론은 당과 인민의 관계를 강화시키고 인민대중의 목소리를 반영하고 그리고 인민들의 각종 정보를 얻으려는 욕구도 충족시키는 등 기능을 행사하여야 한다."[44]

胡曜邦은 계속하여 언론의 시간성, 지식성, 취미성을 강조하였고 또 언론의 여론감독에 대해서도 역설하였다. 1987년 3월 29일 당 중앙에서는 자산계급자유화운동을 반대하고 당시에 보편적으로 존재하고 있는 일부 언론들의 탈선행위를 억제하기 위해 "신문과 간행물 정돈사업의 통지"를 발표하였다. 이 통지에서는 지난 몇 년 동안 신문, 간행물의 발전은 개혁, 개방정책의 추진에 긍정적인 성과를 얻었다고 인정하면서도 소수 신문과 간행물은 몇 년 사이에 연속적으로 사회주의를 부정하고 당의 영도를 반대하고 자본주의를 주장하는 착오적인 논조를 발표하였다. 그리하여 이런 언론들은 자산계급 자유화 사조가 범람하게 하여 사회에 나쁜 영향을 끼치었다고 비판하였다. 통지는 또 신문, 여론진지의 사상정치 방향을 단정히 하려면 무엇보다도 유관 부문에서 신문과 간행물 및 출판단위의 정돈을 잘하여야한다. 이는 자산계급자유화를 반대하는 중요한 부분이며 또한 이번 자산계급 자유화를 반대하는 투쟁의 순조로운 발전을 담보하는 필요한 조건이다 고 하면서 신문, 간행물을 만드는 각 급 당위

---

44) 胡曜邦. "關於黨的新聞工作", 《新聞工作文獻選編》 상게서, p.288

와 정부부문의 당위와 당 조직에서는 자신들이 만든 신문과 간행물에 대해 완전한 정치적인 책임을 져야한다고 강조하였다.45)

　개혁개방 이후 중국의 문호가 개방되고 중국사회의 여러 영역도 외국과 번번한 접촉을 하게 되었다. 특히 외국의 신문기자가 많이 중국에 들어오고 외국의 신문, 잡지, 방송 등 언론기구들이 중국에 밀려왔다. 새로운 시대 상황에서 중국의 일괄적이고 일방적인 언론의 선전보도형식은 자연히 큰 위협을 받았다. 따라서 중국의 언론보도에 대해 개혁을 하여야 할 필요성이 제기되어 1987년 7월 18일에 "중앙선전부, 중앙대외선전소조, 신화통신사가 신문보도개혁에 관한 약간한 의견"을 발포하였다. 이 의견에서는 언론보도개혁의 목적을 언론들이 국내의 보도에서 당과 정부와 인민의 喉舌작용을 충분히 발휘하여야 할 뿐만 아니라 국외에 대한 보도에서도 主動을 쟁취하여 외국의 언론기관과 경쟁을 하여야 한다고 하였다.

　이 의견에서는 언론보도에 대해 다음과 같이 개선할 것을 요구하였다.
　① 언론은 時效性을 중요시 하고
　② 언론이 국내외 인민들의 중요한 대화채널이 되어야 하고
　③ 비평과 자아비평의 무기를 정확히 이용하여야 하고
　④ 언론의 사회적인 효과를 중요시 하여야 하고
　⑤ 당 중앙, 국무원의 일상 활동에 대한 보도를 강화하고
　⑥ 당 중앙지도간부들의 사회기층활동과 외국방문의 보도를 신중히 다루어야 하고
　⑦ 대외보도는 객관적이고 중립적인 원칙을 지키면서 국가외교정책과 잘 조화되어야 하며
　⑧ 국내외보도에 대해 모두 중시를 하여야 하며
　⑨ 언론기구들 간의 역할 분담과 협조의 관계를 강화하야 하며

---

45)　"中共中央關於堅決, 妥善地作好報紙刊物整頓工作的通知"　《新聞工作文獻選編》, 상게서 pp.297-300참조

⑩ 언론은 국가의 중대한 秘密을 누설하지 말아야 한다.46)

1989년 5-6월 "北京風波"이후 중앙에서는 신문사업자들의 반성과 언론에 대한 정돈을 강화하였다. 1989년 11월 江澤民과 李瑞環은 "關於黨的新聞工作的幾個問題"와 "堅持正面宣傳爲主的方針"이라는 중요한 담화를 발표하였다. 江澤民은 중점적으로 당의 신문 공작의 성질과 지위, 기본방침, 당성에 대해 논술하였다.

① 언론사업의 지위와 성격 문제

당은 역사적으로 시종일관하게 언론사업을 중시하였다. 국가의 신문, 방송 등은 당, 정부, 인민의 喉舌이라고 인식하였다. 이것은 언론사업의 성질을 설명하는 것이며 또한 당과 국가의 사업 중에서 아주 중요한 지위와 작용을 설명하는 것이다. 왜 우리의 언론사업은 이렇게 중요한 것인가? 현대적인 傳播수단으로 제일 신속하고 광범위하게 당의 노선, 방침, 정책을 군중에게 관철하고 아울러 군중이 실제적인 행동으로 이루어지게 할 수가 있기 때문이다. 또 광범위하게 군중의 의견, 소리 의지, 원망을 반영할 수가 있고 제때에 국내외의 각종 소식을 전하여 직접적으로 군중의 사상, 행동, 정치방향을 인도, 격려, 동원, 조직하여 군중들로 하여금 자기의 투쟁과 이익을 알고 실현하기 위해서이다.

② 언론사업의 기본방향

사회주의 언론사업과 사회주의 문학, 예술, 출판 등 사업은 같은 것이다. 비록 각자의 특징과 구체적인 발전규율이 있지만 의식형태의 조성부분으로서 모두 사회주의와 인민을 위해 복무해야 한다. 비록 복무하는 구체적인 형식, 내용, 방법이 서로 다르지만 모두 반드

---

46) "中央宣傳部, 中央對外宣傳小組, 新華通信社關於改進新聞報道若干問題的意見", 《新聞工作文獻選編》상게서 pp.303-312 참조

시 이 기본방침을 준수하여야 한다. 우리 당은 언론사업을 지도하며 또한 많은 기타의 방침, 정책, 원칙이 있다. 이러한 방침, 정책, 원칙은 모두 당의 노선과 이 기본방침(사회주의와 인민을 위하여 복무)을 구현하고 복종하여야 한다. 새로운 역사시기 신문사업이 사회주의를 위해 복무하고 인민을 위해 복무하는 것을 견지하려면 바로 堅定하고 전면적이고 정확하게 당의 기본노선을 선전하여야 하며, 중국특색의 사회주의이론과 決策을 선전하여야 하며 전국 여러 민족 인민들의 현대화건설과 개혁개방 중에서 이룩한 업적과 경험을 선전하여야 한다.

③ 黨 性

우리의 언론사업은 당의 전체 사업 중의 중요한 일부분을 조성한다. 따라서 반드시 당성원칙을 견지하여야 한다. 이 근본적인 문제에서 의문이 발생하여서는 안 되며 소위 人民性이 당성보다 높다는 주장을 반대하여야 한다. 당성원칙을 견지하는 것은 언론선전이 정치상에서 반드시 당 중앙과 일치됨을 요구하며, 언론사업자들이 광범한 인민대중과 밀접한 연계를 가지고 군중의 실천 중에서 지혜와 힘을 얻을 것을 요구하며, 선전 중에서 기치가 선명하게 자산계급자유화를 반대할 것을 요구하며 언론자유, 진실성, 언론의 비평에서 마르크스주의 관점을 수립할 것을 요구한다.

특히 江澤民은 당시의 언론계에서 오랫동안 논쟁을 일으킨 黨性과 人民性, 그리고 언론자유에 대해 다음과 같이 명확하게 말한다.

당은 노동자계급의 선봉대이며 노동자계급을 대표하고 인민군중의 이익을 최고로 확대하며 노동자계급과 인민군중의 이익을 제외하면 어떠한 사리도 없다. 당성원칙을 견지하는 것 또한 노동자계급과 인민군중의 근본이익을 견지하는 원칙이며 이 두 가지는 완전히 일치되는 것이다. 인민성이 당성보다 위에 있다는 것은 실질적으로 당의 언론사업의 영도를 부정하고 제거하는 것이다. 근래 언론자유는 극소수 자산계급자유화를 굳게 지지하는 頑固분자가 당과 인민에게 정치투쟁을 진행하는 중요한 정치적인 구호가 되었다. 모든 자유는 추상적인 것보다 구체적인 것이며 절대적인 것보다 상대적인 것이다. 어떠한 국가에서도 절대적인 제한을 받지 않는 언론자유는 존재하지 않는다. 국제사회에 있어서 사회주의사회와 자본주의사회의 대립이 존재하고 국내의 계급투쟁도 일정한 범위 내에서 존재하고 있는 상황에서 자유는 부득불 階級성을 띠지 않을 수가 없다.47)

　江澤民이 담화를 발표한 동시에 당시 중공선전부장을 담임한 李瑞環도 新聞事業研修班에서 "堅持正面宣傳的方針"이라는 강연을 하였다. 그는 이 강연에서 계속 언론의 당성을 강조하면서도 언론선전의 방향 및 범위를 명확히 지적하였다. 그는 언론사업의 일반적인 의의를 볼 때나 當前 여러 면의 실제 상황을 볼 때나 穩定이 가장 중요한 급선무가 되는 상황으로 볼 때나 關鍵적인 것은 언론이 正面宣傳을 위주로 하는 방침을 견지하여야한다. "正面"이라는 것과 위주라는 것은 사람들에게 사회주의 사회생산력발전을 推動하는 것, 네 가지 기본원칙을 견지하고 개혁개방을 견지하는 것, 사회주의 민주주의와 법제건설을 강화하는 것, 사회주의 정신문명건설을 推進하는 것, 위대한 조국을 열애하고 민족문화를 繁榮시키는 것, 국가통일을 수호하고 민족단결을 도모하는 것, 세계의 평화와 발전을 위해 투쟁하는 것을 鼓舞하고 啓示하는 것이다. 종합해서 말하면 모든 사람들에게 국가의 富强, 인민의 행복 및 사회의 진보를 啓示하고 鼓舞하는 언론선전이 바로 정면이고 이것을 위주로 보도하기에 노력을 하여야 한다.

　그는 정면선전과 비평보도에 대해 다음과 같이 말한다. "만약 비

---

47) 江澤民 "關於黨的新聞工作的幾個問題", 《新聞工作文獻選編》 상계
　서 pp.189-200 참조

평이 없으면 언론보도가 답답하고 침체되고 활기가 없고 전투성이
결여된다. 언론은 훌륭한 사적을 칭찬하면서도 존재하고 있는 문제
를 비판하고 폭로하여야 한다. 그러나 정면선전은 주도적인 위치를
차지하여야 하며 비평과 폭로는 次要한 위치를 차지하여야 한다. 비
평이 너무 많고 지나치게 집중되고 연속적으로 누적되면 좋지 않은
결과가 나타난다. 우리의 비평보도는 비평을 위한 비평이 아니고 낙
후한 현상을 展示하고 과장하는 것이 아니다. 비평의 목적은 사업을
改進하고 문제를 解決하고 사람들이 前進하는데 신심을 갖게 하는
것이다.", "정면선전을 위주로 하는 방침을 견지하는 것과 여론감독
을 정확히 실시하는 것은 일치하다. 여론 감독은 비평보도를 포함하
지만 단순히 비평보도를 하는 것과 일치하지 않다. 그것은 인민군중
들이 사회주의 민주권리를 행사하는 일종 유효한 형식이다. 인민의
이익과 願望, 인민의 의지와 정서, 인민의 의견과 건의 모두가 당과
정부가 반드시 時時刻刻으로 고려하고 중시하여야 하는 중요한 내
용이다. 이런 중요한 내용이 언론보도에 반영되어 여론이 형성되면
바로 여론 감독이 되는 것이다.48)

　1996년 1월 2일 강택민은 解放軍日報 師級이상 幹部들과 만난
자리에서 모주석은 과거 정치가가 신문을 꾸려야 한다고 하였다. 이
지시 정신은 지금도 우리들에게 중요한 지도적인 의의를 가진다. 신
문은 일종 의식형태이다. 인민군중을 동원하고 교육하고(당의 사상,
방침, 정책을)선전하는 일종 여론 형식이기 때문에 직접적, 간접적으
로 당과 국가의 정치입장, 정치적 민주와 정치적 관점을 반영한다고
하면서 정치가가 신문을 꾸려야 한다고 다시 강조하였다49). "정치
가가 신문을 꾸려야한다."는 毛澤東이 1957년도에 제기한 것이다.

---

48) 李瑞環. "堅持正面宣傳爲主的方針", 《新聞工作文獻選編》 상게서
　　pp.201-212 참조
49) 江澤民, "在解放軍日報社講話" 《中國記者》 1996년 2기

문장을 쓸 때 특히 사론을 쓸 때 정치적인 대국으로부터 출발하여
긴밀히 정치형세와 결합하는 것이 정치가가 신문을 꾸리는 것을 말
한다. 사론을 쓸 때 當前의 정치와 연계를 하지 않는다면 어찌 정
치가가 신문을 꾸린다고 할 수가 있는가?[50] 1979년 鄧小平도 당의
이론공작실무회의에서 마르크스주의 사상이론사업은 현실정치를 떠
날 수가 없다. 치적인 대세를 떠나서, 혁명투쟁의 현실발전을 떠나
서 마르크스주의 사상가나 이론가가 된다는 것은 상상할 수가 없다
고 하면서 언론의 선명한 정치적 성격을 강조했다.

중국공산당의 2대, 3대 영도자들도 정치가가 신문을 꾸려야 한다
는 방침을 강조한 것은 신문이 시종일관하게 정확한 정치적인 방향
을 견지하기 위해서이다. 江澤民은 당 15차 당대표대회에서 신문사
업에 대해 반드시 당성원칙을 견지하여야 하며 반드시 실사구시원칙
을 견지하여야 하며 정확한 與論向導를 하여야한다고 강조했다. 그
는 여론향도가 정확하면 낭과 인민에게 福이되고 여론향도가 錯誤
적이면 당과 인민에게 禍가 된다. 여론사업은 당과 국가의 전도와
운명에 관계되는 사업이라면서 여론인도의 중요성을 강조했다.[51] 그
러면서 江澤民은 당의 선전사상공작의 방향을 과학적인 이론으로
인민대중을 무장하고 정확한 여론으로 인민대중을 인도하고 고상한
정신과 우수한 작품으로 인민대중을 고무하는 것이라고 하였다[52].

상술한 중국의 언론정책들은 지금도 중국 언론들이 지켜야할 기
본 방침이고 정책이다.

---

50) 黃瑚, "中國新聞事業發展史"상게서 p.288
51) 江澤民, "視察人民日報社講話", 人民日報, 1996, 9, 26
52) 江澤民, "在全國新聞工作會議的講話", 《新聞工作者必讀》, (文匯出
版社 2000), p.61

제4절 소 결

중국공산당의 黨報이론은 1910년 말 20년대에 마르크스 레닌주의 언론사상의 유입과 1920-1940년대 초 중국공산당 신문실천을 통해 40년대 연안 정풍운동과 解放日報 개혁을 통해 형성되었다. 이 시기에 중국공산당은 당보의 성질, 당보의 특성, 당 조직과 당보의 관계에 대해 천명하면서 당보의 당성원칙을 명확히 제기하였다. 당성은 계급성의 집중적인 체현이며 당성원칙을 견지하는 것은 당보 사업의 핵심이며 영혼이다. 또 이론과 실제를 결부시키고 군중과 밀접히 연계하여 전당이 신문을 꾸리고, 군중이 신문을 꾸리며, 비평과 자아비평을 결부시키는 당보의 공작 방법을 제시하기도 하였다. 사실상 중국사회주의 언론의 3대 원칙인 당성 원칙, 군중성 원칙, 지도성 원칙은 이 시기의 당보이론에서 뿌리를 찾을 수가 있다.53)

그러나 이런 원칙은 개혁개방 전에는 중국의 특수한 정치적인 환경과 사회적인 환경에서 당성원칙과 지도성원칙만이 부각되고 사실상 군중성 원칙은 소외되었다.

건국 초기 중국의 언론은 비평과 자아비평, "百花齊放, 百家爭

---

53) 중국의 일부 언론학 저서에서는 진실성원칙과 전투성원칙을 첨가하여 5대 원칙으로도 말한다. 언론의 당성원칙의 요점은 정치상에서 당중앙과 보조를 같이 해야 하며, 사상 상에서 맑스-레닌주의 모택동 사상을 견지하며 조직상에서 당의 강령과 당의 장정을 준수하야 한다. 다시 말하면 당의 사상노선 정치노선, 조직노선의 준수이다. 언론의 군중성 원칙은 언론이 내용상에서 군중의 수요를 만족시키고 언론의 사업방법은 전당과 전민이 함께 신문을 꾸리며 형식상에서 보도기사들의 표현형식이 군중들을 만족시켜야한다. 언론의 지도성원칙은 언론이 사실을 통해 대중들의 사상, 사업, 학습, 생활, 등을 지도하는 것을 말한다. 그 구체적인 표현을 고무, 본보기(모범), 논증, 계발, 해석, 예측, 경계 등으로 나눌 수가 있다.

鳴"을 강조하면서 언론의 활력을 증강시키고 언론의 사회, 정치의 감독기능을 가능케 하였다. 그러나 이런 현상은 얼마가지 못하고 반우파투쟁 정치운동과, 대약진운동으로 하여 신문은 진실성과 정당성을 상실하고 심각한 주관주의에 빠지었다. 특히 문화대혁명기간에는 언론은 본연의 기능을 완전히 상실하고 계급투쟁의 도구로 지어는 권력투쟁의 도구로 전락되었다.

시장경제도입이후 중국은 實事求是 노선을 취하고 사업의 중점을 경제건설로 옮기었다. 實事求是 노선이 언론정책에 미친 제일 중요한 영향은 바로 언론과 경제체제간의 새로운 관계에 대한 재정리이다. 고도집중의 계획경제 시기에는 언론매체가 오직 단순히 상부구조로 간주되었고 정치투쟁, 계급투쟁의 중요한 도구로 사용되었다. 과거 언론이 정치를 중심으로 해서 기능하지만 오늘에 있어서는 정치와 경제를 중심으로 해서 그의 기능을 수행하여야 한다. 언론 고유의 당의 선전도구 기능을 제외하고 하나의 서비스 상품으로서 가져야 하는 능동성, 적극성과 창조성에 대한 강조는 개혁개방 이후 중국 언론정책 제정의 새로운 중심이 되었다. 예를 들면 언론의 진실성, 객관성, 및 시의성은 개혁개방 이후 언론정책이나 언론개혁에서 늘 강조되는 주요한 문제이며, 언론의 객관적인 규율을 확보하기 위해 언론의 비평과 자아비평의 기능의 회복도 새 시기 언론정책이 강조하는 중점이다. 그러나 좌경의 정치노선에 의해 왜곡된 언론정책의 부족 점을 규정하는 것이 개혁개방 이후 중국 언론의 주요한 방향이지만 언론이 당과 인민의 喉舌이고, 당성 원칙을 견지하고, 언론은 반드시 사회주의를 위해 봉사해야 한다 라는 것은 역시 언론이 지켜야 할 최고의 준칙이다.

언론사업은 당 사업의 중요한 구성부분이기 때문에 신문을 비롯한 언론은 국가행정조직의 산하기구이면서도 당의 지도를 받는다. 신문은 반드시 명확한 주관부문이 있어야 허가가 되고 각급 행정부

문에서 선전의 필요로 하여 기관지를 창간하였기 때문에 신문은 주
관부문에 따라 級別이 있다.

제3장 중국의 시장경제 도입과 신문의 변화

제1절 언론관의 변화

1. 중국사회주의 시장경제[54]의 기본특징

1992년 10월 당14차 대회에서 중국경제체제의 개혁의 목표는 사회주의 시장경제체제를 건립하는 것이라고 선포하였다. 이 말은 간단하지만 쉽게 이루어진 것은 아니다. 개혁개방 이전 중국은 자본주의 시장경제를 비판히었다. 1978년 당 11屆 3重全會에서는 사업의 중점을 경제건설로 전이시키고 개혁개방의 길을 선택했다. 1982년 당 12차 대회에서는 "계획경제를 위주로 하고 시장조절을 보조로 한다."라고 했다. 1984년 당 12屆 3重全會에서는 사회주의 시장경제는 "공유제를 기초로 하는 계획적인 상품경제이다."라고 하였다. 여기서 계획경제와 상품경제의 대립을 해소시켰다. 1987년 당 13기 대회에서는 "사회주의 계획적인 상품경제는 계획과 시장의 내재적인 통일을 이루어야 한다."라고 하였다. 이 후부터 중국의 경제체제의 개혁은 더욱 시장 지향적으로 발전하였다. 1992년 초 鄧小平은 남방을 시찰하면서 다음과 같이 말했다(일명 남순 강화南巡講話라고 함). 계획이 많고 적고, 또는 시장이 많고 적고는 사회주의와 자본주의 본질적인 구별은 아니다. 계획경제라고 해서 모두 사회주

---

54) 여기서 중국식 사회주의 시장경제를 경제학적으로 해석하거나 그 설법이 옳고 그름을 논의하는 것이 아니라 그 정의와 특징을 서술한다.

의가 아니다. 자본주의에도 계획이 있다. 마찬가지로 시장경제라고
해서 모두 자본주의가 아니다. 사회주의에도 시장이 있다. 계획과
시장은 모두 경제수단일 뿐이다.55) 이 말에 힘입어 개혁개방 14년
만에 1992년 10월 당 14차 대회에서 사회주의 시장경제라는 명제를
제기했다. 사회주의 시장경제체제는 사회주의 국가의 거시적인 조절
하에서 시장이 자원 배치의 기초적인 역할을 하게 하여 경제활동이
가치법칙의 요구에 따라 공급과 수요에 적응되게 한다. 가격지렛대
와 경쟁메커니즘의 기능에 의해 경제적 效益이 가장 좋은 곳에 자
원이 배치되게 함으로써 기업이 압력과 동력으로 되게 하여 優勝劣
汰를 실현한다. 여러 가지 경제정보에 민감한 시장의 반응으로부터
생산과 수요를 適時적으로 조정 한다56) 중국특색의 사회주의 시장
경제의 체제의 특징은 사회주의 기본제도와 결합된 것이며, 거시적
인 조정 하에서 시장메커니즘이 자원의 배치에서 기초적인 작용을
하게 하는 것이다. 또 소유구조는 공유제를 주체로 하면서도 多種소
유제 형태의 경제가 공동 발전하는 것이다57) 여기서 주목할 것은
중국사회주의 시장경제에서는 사회주의 제도가 결합된 것이고 또 국
가가 거시적인 조정을 하며 또 소유 형태에서는 어디까지나 공유제
가 주도한다는 것이다.

  중국의 개혁은 점진적으로 시장을 조성하여 자원배분 메커니즘을
경쟁구도로 바꾸는 것부터 시작되었다. 이어 소유양식의 개혁도 철저
하고 광범하게 진행되었다. 사적 영역의 발생과 성장을 허용하고 국
유부분에 대해서는 부분 사유화 또는 집단소유화를 추구해 왔다. 특
히 국가경제의 중추로서 전 인민의 소유기업이었던 국영기업에 대해
서는 소유방식을 그대로 두면서 소유와 경영의 분리, 독립채산 및 자

---

55) 《鄧小平理論硏究》, (中國人民大學出版社 2002), p.325
56) 상게서, p.353
57) 상게서, p.358

율경제를 도입하였다58). 궁극적으로 사회주의 개혁은 소유권의 변동, 이윤과 경제체제의 도입으로 귀결되었다. 언론매체는 이와 같은 체제 개혁 속에서 시장언론이라는 새로운 방식으로 융해되었다59). 따라서 중국의 언론관의 변화는 언론의 역할을 재정의 하고 있다는 것이다. 중국 언론을 지배해 왔던 정치 선전의 기능을 강조하면서도 시장 메커니즘과 경제원칙에 입각한 경영관리의 역할을 점차 강조하면서 미디어 산업화의 길을 걷고 있다. 당의 후설이라는 일원적인 견해로부터 다차원적인, 즉 정보, 문화, 오락 등을 제공하는 역할뿐만 아니라 여론감독의 기능도 한다는 새로운 언론관으로 전환되고 있다.

2. 언론의 수단 론과 속성 론의 정합

중국공산당은 당 창건초기부터 신문은 당의 선전, 고동의 가장 유력한 수단으로 여기고 신문은 혁명투쟁과 밀접한 연계를 가지고 선전사업을 잘 할 것을 요구했다. 당시의 혁명은 한 계급이 다른 한 계급에게서 정권을 얻기 위한 것이기 때문에 30년대에는 신문을 일종 계급투쟁의 수단으로 여기었다. 50년대에 이르러 毛澤東은 신문이 계급투쟁의 수단이라는 관점을 강조하여 신문 실천을 지도하는 지휘봉이 되었다. 문화대혁명이기는 신문이 무산계급독재의 수단이라는 관점도 제기 되었다. 11기 3중 전회 이후 개혁개방과 더불어 학계에서는 신문이 계급투쟁의 수단과 계급독재의 수단이라는 관점을 비판시정하고 신문은 사회여론의 수단과 정당 선전의 수단이라는 관점을 인정하고 동시에 신문은 대중전파매체라는 새로운 관념을 수

---

58) 이근, "중국은 또 하나의 동아시아 기적을 이룰 것인가?", 《계간 사상》 1993년 겨울호, p.131

59) 김승수, 《한국의 언론산업》, (나남 1995) p.366

립하였다.

비록 부동한 시기에 부동한 신문이념이 있지만 오랜 기간 주도적인 위치를 가지고 있는 것은 신문이 정당의 선전수단이라는 관점이다. 이러한 관점의 체현이 바로 중국신문의 주류신문이 바로 기관지인 것이다. 소위 기관지란 당파, 국가기구, 사회단체의 주장을 선전하고 그들의 이익을 대변하는 것이다. 1949년 11월 "중공중앙이 신해방도시 중의 중외신문, 통신사에 대한 처리방법"이라는 결정에서 신문, 간행물, 통신사는 일정한 계급, 당파, 단체가 계급투쟁을 진행하는 일종 수단이지 생산사업(기업)이 아니고 정당 조직의 유기적인 조성부분의 사업이라고 했다. 여기서 사업은 신문이 어떤 생산수입을 꾀하는 것이 아니라 비용은 국가에서 계획하여 지불하는 것이다.

정당선전의 수단과 사업성격의 신문은 그 실질적인 운영에서 독특한 방법이 있는 것이다. 중국공산당의 기관지로 보면 당성원칙과 정치가 신문을 꾸리는 것은 신문운영에서 가장 근본적인 원칙이며 따라서 신문보도에서 있어서 경향성, 사상성, 전투성, 지도성을 중요시하게 된다. 한마디로 말하면 傳播者의 입장에서 출발하여 傳播者 본위로 선전하게 된다. 하여 중국공산당은 일계열의 신문선전규칙을 정하고 선전의 순조로운 진행을 보장한다.

그러나 신문은 궁극적으로 그 사회의 유기적인 조성부분이기 때문에 정치, 경제, 문화 등 사회의 역사적인 조건에 따라 그 성격이나 역할이 변화 한다. 1979년 이후 중국의 정치체제와 경제체제의 개혁과정에서 신문의 개혁도 진행이 되어 신문에 대한 관념의 변화도 자연스러운 현상이다.

신문의 성격에서 80년대에는 신문이 사회여론수단이라는 관점이 논의되었다. 1982년 한 언론학자는 신문의 성격을 확정하는 데는 3가지 전제가 있다고 하였다. 첫째, 신문의 성격에 대한 명제는 역사와 현실 중에서 전반 신문현상에 대한 추상적인 총화이지 어느 한 단계, 혹은 어느 한 부분적인 신문에 대한 추상적인 총화가 아니다. 둘째, 어느 한시기의 신문의 사명이나 작용에 의해 신문의 성격을 명명할 수가 없다. 셋째, 신문의 성격에 대한 명제는 언론학의 관점에서 신문의 고유한 특성이 체현 돼야 한다. 이런 세 가지 전제에서 출발하여 비교적 적합한 명제는 신문은 사회여론의 수단이다.60) 마르크스와 엥겔스도 1850년에 "신문이 익명으로 있을 때 광범하고 무명씨적인 사회여론의 수단이 된다.", "신문은 사회여론의 지폐로 유통된다."61)고 하면서 신문의 사회여론 형성의 역할을 강조한 적이 있다.

그 후 신문은 대중전파수단이라는 새로운 관념이 학계에서 확립되었고 1986년 중국사회과학원 언론연구소에서는 신문의 개혁에 대해 신문은 대중전파매체라는 새로운 관념을 반드시 확립하여야 한다고 제기하였다.

대중전파수단, 사회여론수단의 관념적 확립과 정당선전수단이라는 전통적인 관념은 신문사업의 다양한 성격에 대한 정합문제가 제기되었다. 한 학자는 지금의 언론은 즉, 자본주의 언론이나 사회주의 언론이나 막론하고 3차원의 구조로 되었다고 하였다. 즉 기층차원으로서의 대중전파기관, 중간층 차원으로서의 사회여론기관, 고층차원으로서의 계급, 정당의 선전기관이다. 이 3개 차원의 총화가 일체 계급 언론의 성질을 구성 한다62).

정당의 선전수단의 속성이 신문의 사업성질을 결정한다면 대중전파수단의 속성은 신문을 일종 산업으로 인정하여야 한다. 1987년 국가과학위원회에서는 처음으로 신문사업과 방송사업을 중국 정보 상품화 산업에 귀속시켰다. 그러나 신문이 정보산업이라는 이론적인 논의는

---

60) 孫旭培, 《新聞學新論》, (當代中國出版社 1994), pp.203-209

61) 《馬克思恩格斯全集》, 제7권, (人民出版社 1959), p.523

62) 王益民, 《系統理論新聞學》, (華中理工大學出版社 1989), p.145, pp.188-199

당 14차 대표대회이후(사회주의 시장경제의 확립 후)이다. 1993년 6
월 국무원에서는 "제3산업을 신속하게 발전시킬 데 대한 결정"을 발
표하고 신문경영을 제3산업에 편입시켰다. 이것은 적어도 신문사업을
일종 산업으로 연구를 하고 발전시켜야한다는 표지이다. 1995년 5월
중국 사회과학연구원 언론연구소에서는 《사회주의 시장경제와 신문
사업》이라는 전국학술회를 열고 "신문은 일종 정보산업이다. 신문은
나름대로의 생산, 유통, 소비의 법칙이 있다."라고   결론 내렸다. 당시
유명한 언론인 徐惟誠은 "신문이 제 3 산업에 진입한 것이 아니라
신문이 산생 되면서 제3산업의 성격을 가지고 있다."고 하였다.

  사실상 90년대부터 중국의 학계에서는 신문의 정치적 속성을 긍정
하면서도 기업 속성이나 산업속성, 혹은 사회속성을 강조하는 2중 屬
性論이 주도적인 관점으로 되고 있다. 그 관점을 보면 다음과 같다.

사회성과 계급성

  "속성으로 보면 현대 언론은 사회성과 계급성 2중성을 가진다,"
"언론은 일정한 사회적 경제기초가 언론수단으로 반영된 것이며 상
층건축영역의 의식형태의 범주에 속한다. 계급사회에서 계급성을 가진
다.", "언론은 대중전파매체로서 정보를 교류하기 위하여 개인 국가
내지 전반세계를 연계시키기 때문에 사회적 속성의 일면도 있다."[63]

상층건축속성과 정보산업속성

  언론은 형이상학적 상층건축속성과 형이하학적 정보산업속성을 가
진다.[64]

---

63) 《全國社會大學新聞전업復習考試大綱》, (中國人民大學 1997), p.218
64) 李良榮. "試論當前我國新聞事業的双重性"新聞大學 1995년 여름호

사회활동과 가공공장

언론은 두 가지 속성을 가진다. 언론은 일종 직업화된 情報傳播 활동이며 또한 일종 특수한 산품-뉴스의 물질적 게재수단-이를테면 정보의 가공공업이다 혹은 언론은 사회활동인 동시에 일종 특수한 가공공업이다65)

문화속성과 경제속성

신문의 2중 속성이란 문화적인 속성과 경제적인 속성을 가진다. 문화적인 속성이란 신문이 일종 사회의식형태의 일부분인 사업성을 말하는데 정신적 재부의 창조자와 체현자이다. 경제적인 속성이란 신문은 일종 生産업종으로서 산업의 특점을 가지고 있다. 정신적인 재부를 창조하는 동시에 정보를 제공함으로써 이익을 얻는 經濟門類이다.66)

경제속성과 정치속성

인류사회가 계급사회에 이른 후 전파매체는 모두 경제적 속성과 정치적 속성이라는 2중성을 가진다. 그것과 상응하게 전파매체도 2중 기능을 가지는데 산업기능과 후설기능을 가진다.67)

輿論陣地와 정보산업

신문의 여론진지와 정보산업이라는 2중성은 經線과 緯線처럼 상호 교차되고 있는 것이 현재 언론의 현주소이다.68)

---

65) 陳 頣. 《新聞社會學》, (江蘇敎育出版社 1996), p.115
66) 唐緖軍. 《報業經濟와 報業經營》, (新華出版社 1999), p.34
67) 周鴻鐸. 《傳媒産業經營實務》, (新華出版社 2000), p.32
68) 萬 力. 《媒介經營與産業操作實務》, (新華出版社 1999), pp.198-199

社會公正 代言人(대변자)과 商人

매체가 산생되어서 지금까지 줄곧 두 가지 배역을 맡아왔다. 사회에 대해 말하면 매체는 대중을 위해 봉사하는 공공산물이며 따라서 사회의 공정한 代言者가 되어야 한다. 다른 한편으로 매체자신을 놓고 볼 때 매체의 생존은 정신적인 산품을 수용자에게 팔아야 한다. 다시 말하면 무료 공익사업이 아니라 투자를 회수하여 이익을 얻어 경제적인 자립을 하여야 한다. 이런 의미에서 상인이라고 할 수가 있다.[69]

상술한 관점들은 비록 경험성과 감수성 색채가 있지만 신문사업에 대한 다양한 이론적인 논술을 시도하였다. 물론 공동점도 있지만 차이점도 있는데 개괄하면 정치성-정치적 속성, 상층건축속성, 계급성, 여론진지, 의식형태 등 표현과 경제성-경제속성, 정보산업속성, 가공공업, 정보산업, 상인 등 표현, 사회성-사회성, 사회활동, 사회공정대변인, 문화속성으로 분류 할 수가 있다. 1997년 중국 언론학의 명문인 北京廣播學院의 소장파학자인 黃昇民, 丁俊杰교수는 대중전파매체는 정보조직, 이익조직과 정치선전조직 3중 속성을 가진다고 하였다.[70] 언론에 대한 전통적인 手段설은 정치적 시각에서 언론에 대한 인식이다. 즉, 매체, 정당/정부, 사회공중관계에서 언론을 인식한 것이다. 그러나 언론에 대한 屬性론은 주로 경제적 측면에서 언론을 인식한 것이다. 즉, 매체, 기업, 사회공중지간의 인식이다. 수단 론에 대한 언론의 인식은 사회생활이 고도로 정치화 된 시대의 이론적 관념이고 속성 론에 대한 인식은 경제건설을 중심으로 하는 시대의 이론적인 관념이다, 속성 론은 신문의 산업성을 강조하는 동시에 사업성을 배제하지 않아 언론이 정당, 정부의 선전수단이라는 성질을 고려하였기에 전통적인 수단설 보다 전면성과 다양성을 가진다.

---

69) 劉　宏. "中國傳媒的雙重角色" 當代傳播 2000년 4월호

70) 黃昇民, 丁俊杰. 《媒介經營與産業化硏究》, (北京廣播學院出版社 1997), p.1

물론 이것은 언론에 대한 정부의 공식적인 관점은 아니지만 국가
신문출판서 부서장 梁衡은 1999년에 해방 후 반세기동안 중국신문
이론의 새로운 인식을 다음과 같이 개괄하였다.71)

① 정치는 신문의 영혼이다. 정치가가 신문을 꾸려야 한다.

② 여론을 인도하는 것은 신문의 사회적 책임이다.

③ 신문의 본질은 정보이다.

④ 신문의 기본기능은 정보전달이다.

⑤ 신문은 대중전파매체이다.

⑥ 신문업(報業)은 산업이다.

⑦ 신문사는 기업이다.

⑧ 신문은 상품이다.

⑨ 신문은 문화침적물이다.

⑩ 뉴스는 수용자가 관심하는 최근에 발생된 사실에 대한 정보전
  달이다

여기서 서로 중복되는 면이 있지만 신문의 정치적 속성을 긍정하
면서도 정보전달의 기능, 경제적 속성, 문화적 속성 등 다양한 기능
이 있다는 것이 그 요점이다. 특히 ③, ④, ⑤, ⑩에서 정보의 개념
을 재기하면서 신문의 정보전달의 기능을 강조하였다. 지금까지 중
국에서는 陸定一의 '뉴스는 최근에 발생된 사실에 대한 보도이다.'
라는 정의가 절대적인 권위성을 가진다. 그러나 양형은 '수용자'와
'정보'라는 개념을 더 첨가했다. 그것은 뉴스는 대상이 있고 시장이
있으며 또한 광대한 대중들이 존재하는 것을 강조하기 위해서이다.
다음으로 정보라는 개념을 첨가한 것은 자연적인 정보와 신문의 정

---

71) 중국국가출판서 부서장 梁衡은 "中國報業 50年"(新聞傳播. 하얼빈.
   1999. 6)에서 개혁개방 이후 중국신문이론에 대한 자신의 견해를 밝힌 바
   가 있다. 이 글은 중국 언론인들의 관념변화를 잘 보여준다. 어떤 의미에
   서는 신문에 대한 중국관방의 입장일 수도 있다.

보가 구별을 환기시키기 위한 것이다. 또 신문이 상품이고 신문사가 기업이라는 것은 언론의 산업적인 측면을 강조한 것으로 풀이된다. 그렇다고 해서 신문의 정치적인 속성을 포기한 것은 아니다. ①과 ②는 선명한 정치적인 입장에서 사회적인 여론을 인도하여야 한다는 것이다. 현 단계에서 중국의 신문은 여론의 인도자이면서도 경제적 실천자이다. 이러한 2중적인 배역을 서방의 시각에서 이해하기 힘들지만 서방의 언론사가 역시 하나의 기업이면서도 사회의 공정한 여론의 대변자라는 이중성으로 이해하면 가능한 것이다. 다만 그 사회제도를 반영하는 언론의 내용과 방식이 부동 할 따름이다.

제2절 언론의 정책적 변화과정과 신문의 시장화

1. 중국신문의 첫 시장화 시험

중국공산당이 정권을 장악한 후 사회주의 첫 국가인 소련의 경제모델을 따라 단일하고 고도로 집중 된 계획경제체제를 건립하였다. 중국의 신문도 이 경제체제의 기초 우에서 건국초기 존재하였던 민영신문을 개조하여 중앙에서 지방에 이르는 당 조직과 상응하는 단일한 黨報체제를 건립하였다. 국가가 지령성적인 계획경제를 실시하기 때문에 黨報도 예외가 아니다. 신문창간은 국가에서 엄격히 심사하고 경비는 국가에서 지불하고 인쇄 물자를 국가에서 통일적으로 분배하고 발행을 우체국에서 책임지었고 주문 역시 주로 官, 公費로 하였다. 이리하여 신문사는 순수한 공공사업형의 기구로 되어 경영활동은 필요가 없는 것으로 되었다.

신문의 시장화란 신문의 경영기제가 시장을 대상으로 하여 시장에서 신문 활동에서 소비되는 물질자원과 노동자원의 가치를 報償받을 뿐만 아니라 이익을 남게 하여 신문이 경제상에서 자립을 얻는 과정이다. 한 신문이 시장화 정도는 신문경제 중에서 광고의 수입과 사비구독료수입이 신문총수입에서 차지하는 비율에서 나타날 수가 있다. 신문의 시장화는 광고수입, 발행수입, 기타경영수입, 경영기구 등에서 표현될 수가 있다.72) 이러한 관점으로 본다면 건국 후 중국신문은 두 차례의 시장화를 지향하였다.

한 차례는 1950년대 초였다. 50년대 초 중국신문의 시장화는 중국공산당이 새로운 환경에서 신문을 꾸리는 하나의 실험형태였다. 건국 전 중국공산당의 신문 활동은 대부분이 편벽한 산간도시와 농촌에서 이루어 졌다. 이러한 신문들은 종류나 발행부수가 적어 신문제작 일군들도 많지 않다. 따라서 경제상의 부담도 적어 철저히 공급 제를 실시하였다. 그러나 건국초기 대부분 당 기관들에서 너도나 두 신문을 발간하자 黨報의 종류는 급속히 늘어났다. 1950년 3월 중앙정부 신문출판서의 통계에 의하면 전국에 250개의 신문이 있었고 그중 일간지가 170종이었다. 이런 신문들은 모두 戰時시기의 공급제도의 경제정책을 실시하였다. 그러나 당시 국가경제는 거의 폐허가 되었지만 신문운영의 거의 전부의 비용이 관 공비로 지출 되여 국가경제에 엄중한 부담이 되었다. 1949년 12월 中央人民政府 新聞總署에서는 북경에서 전국 신문경리회의를 열고 대책을 강구하고 신문이 기업화 경영방식을 도입하기로 결정하였다. 당시 人民日報 등 16개 신문사에서 일년 동안에 드는 비용이 500만 위안 이상이므로 조건이 괜찮은 공영신문은 자급자족을 실시하며, 유익한 광고를 싣고, 쓰는 대로 결재 받는 단순한 재정제도를 폐지하는 통지를 반포하였다. 1950년 중앙선전부에서도 "關於報紙實行企業化經

---

72) 陳懷林: "論中國報業市場化的非均衡發展" 新聞與傳播硏究, 1996.
제2기 참조

營情況通報”를 반포하여 신문이 기업화 경영의 방향을 제정하였다.73) 1950년 2월 郵電部, 新聞總署에서는 연합으로 “關於郵電局 發行報紙的暫行辦法”을 반포하여 신문발행을 郵電局에서 책임 질 데 대해 구체적인 방법을 제정하였다. 1954년 중공중앙선전부에서는 여러 신문사들에 대해 가급적이면 건설자금을 아낄 것을 요구하였다. 이런 요구에 따라 여러 신문사들에서는 기업화경영에 발맞추어 여러 가지 방법을 취하였다. 경영과정에서 신문의 가격을 인상하여 부분적인 생산원가를 회수하고, 광고를 경영하여 국가의 재정부담을 경감시키고 국산 종이를 사용하여 생산원가를 낮추고, 인원편제를 줄이고 건전한 재정제도를 건립하는 등 여러 가지 조치를 취했다. 국무원에서도 관, 공비 지출을 경감시키기 위해 국가 기관, 단체, 부대, 기업, 학교에서 개인의 신문구독을 권장했다. 1953년 人民日報 등 中央級과 일부 省級 신문들은 결손을 줄이고 점차 自給自足을 실현하게 되었는데 당시 新華日報의 광고수입은 총수입중의 28%에서 42%로 올랐다.74)

그러나 해방 후 중국신문의 첫 시장화의 실험은 얼마 가지 못하였다. 1956년 자본주의 商工業에 대한 사회주의 개조를 통해 전국에서는 대체적으로 經濟國有化의 목표를 달성하여 계획경제의 체제를 건립하였다. 이런 제도에서 여러 업종의 생산과 공급과 소비가 모두 시장의 조절을 이탈하였기 때문에 신문의 광고 시장은 신속한 위축을 가져 왔고 신문의 시장화 운영은 허사로 되었다. 또 1957년 反右派政治運動과 더불어 신문의 經濟效益을 운운할 수가 없었다.

이 시기의 시장화 운영은 무엇보다도 관념상에서 변화가 아니었다. 1948년 11월 8일 中共中央에서는 “新解放城市中外新聞雜誌通信

---

73) 《報業縱橫談》, (四川人民出版社 1991), p.9
74) 《報業縱橫談》, 상게서 p.6

社處理方法에 대한 결정"에서는 신문과 잡지. 그리고 통신사는 일정한 계급, 정당과 사회단체가 계급투쟁을 진해하는 일종 도구이지 생산사업이 아니다. 때문에 사영신문이나 잡지, 통신사에 대해 사영공상업과 똑 같은 정책을 실시 할 수가 없다고 하였다.[75] 때문에 신문이 기업화 경영방침을 제정하였지만 실질상에서는 "신문의 계급투쟁 수단"을 강조하여 신문은 내용상에서 큰 변화가 없었다. 1950년 제1차 신문 공작회의나 1954년 제2차 신문 공작회의에서 신문의 보도내용에 대해 선전과 여론인도역할을 강조하였으나 대중의 수요나 대중을 위해 봉사하는 것은 홀대했다. 뿐만 아니라 기업화 경영의 중점을 신문의 가격인상, 인원의 배치와 발행 등 경제적인 지출을 줄이는 데 두었을 뿐 관리체제를 시장의 수요에 맞게 개변시키는 것은 아니었다. 그러나 신문의 보도범위를 넓히고 정보량 증가에 대해 1956년 人民日報는 "致讀者"라는 사설을 발표하여 "우리는 변화로 충만된 사회에서 산고 있다. 다양한 독자가 나양한 측면으로 세계의 변화를 알고 싶어 한다. 가능하다며 독자들이 이런 요구를 만족시켜주는 것이 우리들의 신성한 사명이다."[76]라고 하였다. 물론 이러한 시도는 중국의 정치 운동에 의해 무산되었지만 사회주의 신문도 선전자의 역할 외에 다양한 독자의 여러 가지 정보욕구를 만족시켜야 한다는 방향을 제기한 점은 큰 의의를 가진다.

2. 중국신문의 제2차 시장화

중국신문의 제2차 시장화 실천은 70년대 말부터 시작된다. 1978년 중국공산당 11기 3차 전원회의는 중국사회변화의 전환점이다. 文

---

75) "中共中央關於新解放城市中中外報刊通信社處理辦法的決定", 《中國共産黨新聞工作文件彙編》 상, 상게서, p.189

76) "致讀者", 人民日報 1956. 7. 10

化大革命이라는 대 動亂에서 벗어나고 개혁개방을 택하였다. 오랫동안의 計劃經濟체제로 신문사에 주어진 자금은 점점 적어지고 또 傳播手段의 낙후성은 많은 자금이 수요 되었다. 1978년 말 人民日報 등 몇 개의 신문사에서 연합으로 재정부에 보고서를 제출하여 "사업단위, 기업화관리"77) 경영방침을 도입하여 신문사가 자주경영권을 확보하여 경제적인 수익을 올려야 한다고 건의하였다. 이에 대해 유관부분에서는 신문사의 사업단위의 성질은 변하지 않지만 일정한 경영활동을 할 수가 있으며 경영에서 얻은 수입으로 신문사의 여러 가지 설비를 개선하고 또 사원들의 복지도 증진할 수가 있다고 하였다. 이것이 중국 신문의 두 번째 시장화의 시작이다.

신문사가 경영활동을 위해 중점을 둔 것은 무엇보다도 광고의 회복이다. 1979년 1월 28일 上海의 解放日報가 문화대혁명 이후 처음으로 광고를 게재하였다. 이 신문에서 광고가 게재되자 일부 중요한 신문들도 광고를 게재하기 시작했다. 그 후 3개월이 지난 후 中共中央宣傳部에서는 공문을 발표하여 신문에서 광고를 게재할 수가 있다고 하였다. 이로부터 신문은 광고를 시장화를 실시하는 유리한 수단으로 쓰였다.

80년 초부터 개혁개방정책이 점차적으로 실시됨에 따라 계획경제

---

77) "사업"과 "기업"은 사회조직에서 소유제유형, 경제관리방식에 의한 두 가지 개념이다. 중국의 현실 상황으로 볼 때 사회조직은 소유제유형과 경제관리방식에서 세 가지 부동한 우형이 있다.

① 행정단위-국가권력기관과 관리기관을 말한다. 이들의 행사기능에 필요한 경비는 행정관리비용으로 국가예산에서 지출된다.

② 사업단위-문화, 교육, 과학, 신문, 출판, 방송(TV방송포함), 통신, 문물, 체육, 위생 등 단위를 말한다. 이 들이 유지되고 발전하는데 필요되는 비용은 행정사업비로 국가예산에서 지출 된다.

③ 기업단위-생산경영활동에 종사하는 상공업을 말한다. 이들은 자기 스스로 수입을 창출하고 자아발전에 지출하며 국가에 세금을 바친다.

체제가 점차 느슨하게 되고 일부 産品에 대해서는 시장조절로 가격이 가능하게 되었다. 이 과정에서 신문의 일부 원자재와 기계설비가 시장 체제로 나아감에 따라 가격이 폭등하여 신문운영의 원가도 높아졌다. 신문용지를 예를 들면 1980년에는 매 톤에 730위안이던 것이 1985년에는 1100위안, 1988년에는 2800위안, 1992년과 1994에는 3000위안과 4000위안, 1995년 말에는 7000위안에 달했다. 장기적으로 안정되었던 발송비용도 급증했다. 1950년대 실시하였던 우체국 발송비용은 신문 값의 25%로 정했다. 그러나 80년대 말에는 文化大革命 전에 창간되었거나 文化大革命 이후에 복간된 신문의 발행費는 25-28%의 우대가격이 적용되지만 새로 창간 된 신문은 35-40%가 적용된다. 이 시기는 중국 신문이 양적으로 급속한 성장을 하던 시기이기도 하다. 1980년 1월 1일부터 1985년 3월 1일까지 전국적으로 새로 창간한 신문은 1008개, 평균 이틀에 한 개 신문이 창간된 놀라운 숫치를 이루고 있다. 1987년 정부에서는 신문용지 격차에 대한 국가보조금만 700만 위안이나 되어 정부는 급속히 팽창되는 재정보조금을 감당하기 어려웠다. 그러나 이 시기 역시 중국의 상품시장이 발육과정에 있어 광고 재원이 빈약하여 신문사의 광고수입도 미비하였다. 하여 근근히 광고에만 의지한 중국신문들은 결손을 면할 수가 없었다. 1987년 조사에 의하면 人民日報 등 7대 신문사들은 대부분 신문이 발행부수가 100만 부 이상, 어떤 신문은 몇 백만 부나 되지만 매년 수백만 위안, 지어는 2천만 위안이상의 결손을 보고 있다. 비록 신문사들이 국가의 재정보조를 받지만 완전히 결손을 미봉 할 수가 없다. 여러 신문사들에서는 이런 상황에서 탈피하기 위해 다각경영이 반드시 필요 된다고 인식하고 국가유관부문에서는 빠른 시일 내에 상응한 정책과 조치를 취해줄 것을 호소했다.[78]

---

78) 張平. "人民日報等首都七家報社亏損日趨嚴重". 新聞出版報, 1988. 1. 30

1987년 말 중국공산당 13차 대회에서는 "사회주의 계획적인 상품경제"라는 새로운 명제를 제기하였다. 이는 중국공산당이 중국특색의 사회주의를 건설하는데 있어서 이론상의 중대한 전환점이 되었다. 중국의 개혁은 새로운 역사적인 단계에 진입하였다. 1988년 3월 中華全國報紙行業經營管理協會가 북경에서 발족하였다. 이는 건국이후 처음으로 되는 전국성적인 업종별 조직(行業組織79))이다. 그 취지는 신문업의 경제기술 진보를 추진하고 각 신문사의 경영관리의 체제개혁을 다그치기 위한 것이다.80) 이와 동시에 國家新聞出版署와 國家工商管理局에서는 연합으로 "關於報社,期刊出版社開展有償服務和經營活動暫行辦法"을 반포하였다. 그리하여 신문사가 다각경영을 할 수 있는 합법성을 보장받아 경영활동의 범위가 擴大되었다. 상품경제의 발전과 더불어 시장이 활성화되고 신문의 광고와 기타 경영수입도 늘었다. 따라서 일부 신문사들은 자각적으로 국가의 재정보조에 의지하지 않고 "自收自支, 自我發展"의 경영형태를 취하게 되었다.

1992년 鄧小平의 南巡講話이후, 특히 중국 공산당 14차 대회에서 중국식 사회주의 시장경제체제 확립이후 "左"적인 사상속박에서 벗어나 국민경제의 고속성장과 더불어 중국신문도 시장화 발걸음이 더욱 빨라졌다.

1992년 9월 중국신문협회는 江西省에서 全國新聞社經營管理經驗交流會를 열고 처음으로 報業經濟라는 개념을 제기하여 중국의 報業(신문업)은 이미 一業爲主 多種經營의 형태로 신문경제를 발전

---

79) 行業(업종)이란 동일한 생산과 경영활동에 종사하는 생산경영 유목이다. 때문에 중국에 서는 飮食行業, 輕工業行業이라고 하지 敎育行業, 戱曲行業이라 하지 않는다 다시 말하면 행업은 상공업 유목이다.

80) 《中國報紙行業經營管理協會成立4周年祈念》, 中國報紙經營管理協會編 1992년

시키는 새로운 시대에 진입하였다.[81] 이때로부터 중국신문은 증면경
쟁, 석간지 창간, 자매지 창간, 신문판매대 신설, 연합회사 설립, 취재
의 컴퓨터화, 등 여러 가지 시장지향의 현상들이 잇달아 일어났다.

1994년의 통계에 의하면 전국 대부분의 省級이상의 당위와 정부
의 기관지와 절반 이상의 地區 級 당위와 정부의 기관지들은 정부
의 보조금에 의해 신문을 꾸리던 관행을 종말 짓고 "자금을 자체로
조달하고 자주경영하고 법에 따라 세금을 납부하고 자아발전"하는
기업화 길을 걷기 시작했다. 1995년에는 《광고법》을 제정하여 광고
의 법제화를 실현하였다. 1992년부터 1996년까지 중국신문은 1666
종에서 2163종으로, 총 연간발행부수는 190.8억 부로부터 267억 부
로, 연간 광고 액은 16.2억 위안으로부터 77.7억 위안으로 늘어났다.
90년대 중반부터 광고는 신문사의 가장 중요한 수입원천이였다.

1996년부터 일부 실력이 있는 신문사들은 신문 집단을 꾸리고 규모
화, 집약화 경영의 방향으로 발전했다. 그 시발이 1996년 廣州日報신
문 집단의 설립이다. 1996년 1월 中共中央선전부의 동의를 거쳐 國
家新聞出版署는 "關於同意建立廣州日報報業集團的批復"에서 이
렇게 쓰고 있다. "개혁개방이래 우리나라(중국) 신문사업은 신속한 발
전을 가져와 이미 공개발행 되는 신문의 종류가 2000여종이 된다. 사
회주의 시장경제의 건립에 따라 신문의 경쟁이 날로 치열해졌다. 이런
형세에서 適時적으로 黨報를 중심으로 하는 사회주의 현대화신문 집
단을 건설하면 신문사업이 規模數量型으로부터 優良高效果型으로,
分散型으로부터 集約型으로 轉移되어 중국의 신문사업 발전을 추진
할 수가 있다. 때문에 신문 집단 건설은 매우 절박한 현실적 의의가 있
다."

---

81) 《報紙經營管理》, (中國報紙行業經營管理協會編 1996), p.11

<표 3> 중국신문의 광고의 증가

연 도	신문광고액(인민폐)	광고가 신문수입에서 차지한 비율
1983	0.73	10.8
1984	1.19	14.4
1985	2.20	19.0
1986	2.56	19.2
1987	3.55	25.6
1888	5.01	32.5
1989	6.29	20.5
1990	6.77	23.3
1991	9.62	27.2
1992	16.18	34.1
1993	37.71	42.1
1994	50.54	53.8
1995	64.58	56.5
1996	77.69	55.9
1997	96.83	603
1998	104.35	미산출

※ 자료는 <중국광고>, <현대광고>, <중국신문연감>, <중국출판연감>에
의함, 신문의 수입은 광고수입과 발행수입과 기타수입을 합한 것임

문장에서는 또 사회주의 신문 집단을 건설하는 것은 중국 언론이 새로
운 시기로 진입하는 중요한 비약이며 중국 언론 개혁의 방향성을 나타
내는 大事이다. 신문 집단의 건설로 하여 중국 언론은 여러 면에서 심
각한 변화를 가져오게 된다고 강조하였다. 1996년 11월 江澤民 총서
기는 人民日報社를 시찰하고 하면서 역량을 집중하여 신문의 편집과
동시에 경영과 관리에도 힘을 써야 한다면서 특별히 경영관리를 강조
했다.[82] 이는 중국 공산당 최고 지도자가 처음으로 신문의 경영과 관

---

82) 陸宏德, 《〈新聞戰線〉 文萃 理論編》 新聞戰線編輯部, p.6

리에 대해 언급한 것으로서 매우 중요한 의의를 가진다. 1998년 1월 全國新聞出版局局長會議에서는 《신문출판업 2000년 및 2010년 발전계획》을 토론하고 2000년 이전까지 전국에 신문 집단을 5-10개로 발전시키며 2010년까지는 더 많은 신문 집단을 건설하여 경영규모가 1억 위안 이상인 신문이 총 신문수의 10%를 차지하게 한다고 하였다.

중국 신문이 두 번째 시장화로의 변화는 중국사회環境이 심각한 변화를 일으켰기 때문이다. 우선 사상이론상에서 지난 시기의 교조주의에서 벗어나 실사구시의 태도를 취한 것이다. 四人幇을 타도한 후 실천이 진리를 검증하는 유일한 기준이라는 명제로 "좌"적인 사상속박에서 벗어나 이론과 실제를 연계시키고 모든 것은 실제로부터 출발하는 사상노선을 채택하였다. 이리하여 "가난은 사회주의가 아니며 사회주의 근본임무는 곧 생산력발전이다."는 공동한 인식을 갖게 하면서 경제건설에 주력하는 안정된 정치적인 환경이 이루어지었다.

다음으로 시장경제체제의 확립이다. 당 11기 3차 전원회의이후 사업의 중점은 계급투쟁을 중심으로 하던 데로부터 개혁개방과 경제건설을 중심으로 하는 데로 전환하였다. 농촌경제의 개혁으로부터 점차적으로 도시의 공상기업으로 확대하여 최종적으로 경제체제개혁에 이르고 있다. 鄧小平의 중국특색의 사회주의 건설이론에 근거하여 당 14차 대회에서는 중국특색의 사회주의 시장경제체제의 건설을 목표로 삼았다. 하여 단일하고 고도로 집중된 경제체제가 타파되고 公有制를 위주로 다양한 경제성분이 공동으로 발전하는 새로운 국면을 맞이했다. 사회주의 시장의 발전은 상품경제의 번영을 가져왔다.

그 다음으로 신문의 단일한 黨報체제가 타파되고 黨報를 중심으로 한 다차원 다품종의 신문체계가 형성되었다. 신문의 "계급투쟁수단론"은 점차적으로 "대중전파매체론"과 "정보유통수단론"으로 대체되었다. 신문의 기능도 단일한 선전의 기능으로부터 선전과 정보전달 기능이 함께 강조되었다. 날로 발전하는 시장경제의 수요에 따

라 중국의 신문은 양적인 증가와 더불어 對相신문, 專業신문, 企業
신문 지어는 商業신문 등 다양한 신문들이 창간되어 몇 십 년 동안
유지된 단일한 당보 체계를 타파했다.

마지막으로 신문의 산업특성에 대한 긍정이다. 1987년 국가과학위
원회에서는 처음으로 中國情報産業投入産出表를 만들고 新聞事業
과 廣播電視視業을 中國信息商品化産業에 편입시키었다. 이것은
국가에서 이미 신문을 정보산업의 한 개 구성부분임을 인정한 단적
인 실례이다.

3. 시장언론정책의 다양한 실행방식

1978년 후부터 중국현대화의 내재적인 힘이 초보적으로 발육하는
단계이다. 사회의 불안이 불안정한 사회적 행위로 변화되지 않게 하
기 위해 지역이 넓고 인구가 많은 중국의 특성에 따라 중국사회는
점진적인 개혁모델을 채택하였다. 이런 현대화 발전의 모델의 중요
한 특징은 발전의 유효성에 주목을 하고 단순한 속도형을 취하지
않는다는 것이다. 점진적인 개혁은 쉬운 것부터 먼저하고 어려운 것
은 후에 하는(先易後難)방식으로 점진적으로 개혁을 추진한다. 반드
시 개혁을 하지 않으면 안 되는 부분을 제외하고는 대부분의 개혁
의 처리 방식은 먼저 입신하고 다시 낡은 것을 칭신한다.

1) 점진적인 개혁방식
중국 신문개혁 정책도 관념 전환, 봉사기능 강화, 기제개혁으로부
터 현재의 자본의 운영에 이르는 점진적인 방식을 취하고 있다. 때문
에 당과 정부가 사회에 대한 중요한 통제도구로서의 신문정책의 제
정방식은 漸進적인 藕合 방식을 채택한다. 藕合(결합)이란 물리학의
개념인데 두개, 혹은 두개 이상의 체계, 혹은 두개의 운동형식지간에

상호 작용을 통하여 상호 영향 주고 연계되는 결합방식이나 그 현상을 말한다. 다시 말하면 정책 객체와 정책 주체의 모종의 합의를 말한다. 이 방식의 특징은 신문정책의 제정에서 이전의 경험에 근거하고 현유의 정책기초에서 점진적인 변화를 실현하고 신문실천의 탐색에 의거하여 국부적인 조절을 진행한다. 다시 말하면 지나간 정책에 대한 국부적인 조정과 수정으로 원래의 정책의 연장이 된다.

20세기 70년대 말 신문사에 대해 "사업단위, 기업화 관리"로부터 국가는 신문의 경제적인 발전에 대한 정책이 시작되었다. 1979년 4월 중공중앙 선전부에서는 신문은 광고를 게재할 수가 있다고 인정한 후 1980년 1월에는 《關於報刊,廣播, 電視臺 刊登和播放外國商品廣告的通知》로 신문이 외국의 상품광고를 게재하도록 허락하였다. 신문은 주요한 경제적 기둥인 광고를 정정당당하게 할 수가 있었다. 1985년 國家工商管理局, 廣電部(라디오 텔레비존방송부), 문화부에서 다시 《關於報紙. 書刊, 電臺, 電視臺經營, 刊播廣告有關問題的通知》로 광고경영에 관련 된 여러 개의 규정을 제정하였고 그 후 1995년에는 《중화인민공화국 광고법》을 제정하고 실시하여 신문의 광고경영이 정상적인 궤도에 들어서고 정책규제가 점차 명확해졌다. 동시에 1988년 5월 신문출판서와 국가 공상관리국에서는 《신문사, 출판사, 잡지사에서 유상복무와 경영활동을 할 데 관한 잠정조례》를 발표하여 신문사의 다각경영을 허가하였다.

신문사는 광고경영이외도 현대적인 규모화 자산운영이 90년대 초부터 출현되고 성행되어 다양한 경영방식으로 신문경제의 발전을 한차원 끌어 올렸다. 90년대 중기에 신문광고 총 영업 액은 50억 위안에 달하였는데 1억 위안이 넘는 신문사가 10여 개나 되었다. 일부 신문사는 적극적으로 신문 집단을 건립하려고 준비하였고 또 이것은 국가가 신문 집단 건설에 관련된 정책의 출현을 촉구한 것이다. 동시에 국가에서는 세수 등 여러 면에서 신문사에 우대정책을 폈다.

하여 신문경제는 급성장, 2000년 말에 이르러서는 광고 액이 1억 위안을 넘은 신문사가 50여 개 그중 20개 신문사가 3억 위안, 6개 신문사가 6억 위안을 넘었다. 전국 신문의 총 광고 액은 135억 위안에 달하였다.

신문 개혁에 대한 점진적인 전략(정부와 신문사가 개혁방식에 대한 모종의 합의)은 중국 총체적인 改革思路와 비슷하다. 등소평의 돌을 더듬으면서 강을 건너는 논제가 언론영역에서도 실천되는 것이다. 이는 개혁을 존중하면서도 전반을 고려하고 온당하게 추진하는 것이 장점이다. 그러나 예상 목표를 정하지 않고 개진이나 보충에 중점을 둔 것이기 때문에 신문개혁의 일부 중대한 목표를 간과하게 되고 또 언제나 실천에 뒤떨어지는 부족점도 있다.

<표 4> 점진주의 방식과 급진적 방식의 차이

	점진주의 어프로치	급진적 어프로치
비전	현재의 필요에 대한 프로그래마틱한 평가	궁극적 상태의 실현
구 시스템	점차적 대체	파괴
정책	후퇴 가능한 정책	최종상태에의 관여
속도	천천히	빨리
실험	소규모	대규모
신뢰하는 것	경험	설계
초점	시장프로세스	시장산품
체제	이중경제	단일자유시장 구조

※ 출처: 나카가네 키츠지 저, 이일영 역, 중국경제발전론, 나남 2001, p.261 재인용.

2) 급진적인 방식

鄧小平은 일찍 개혁에 대해 어떤 일은 속도를 다그치고 어떤 일은 속도를 느리게 하고 어떤 일은 그 현상을 유지하는 것은 매우 중요하다. 모든 것은 맹목적으로 진행하면 안된다 라고 하였다. 종합적인 형평성을 고려하면서도 중점이 뚜렷한 것은 신문 개혁의 중요한 정책의 하나이다. 1992년 사회주의 시장경제체제 확립이후 신문매체들은 발전할 수가 있는 호기를 만났다. 그러나 매체시장이 형성됨에 따라 여러 가지 문제들이 노출되었다. 그 중요한 표현들로는 "有償新聞"83), 규범화되지 못한 신문들의 난립으로 신문시장 질서를 혼란시키고 주류신문들의 발전을 가로막는 것이다.

분산되고 혼란 된 매체 현황에 대해 행정적인 수단으로 매체 구조를 조정할 필요가 있었다. 급진적인 신문정책은 일종 도전을 받을 때 실행된다. 다시 말하면 정책을 제정할 때 여러 가지 어려움이 있거나 혹은 일체 긴장상태에 처해있을 때를 말한다. 중국 신문은 개혁개방의 사회발전과 더불어 양적인 면에서 놀라운 성장을 가져왔다. 1996년에 이르러 중국신문은 2163종에 이르고 6000여종의 내부신문이 있었다. 시장경제의 중요한 지표의 하나는 자유경쟁이다. 그러나 업종별신문, 정부의 각 廳급, 局급 신문과 내부 신문들은 제한된 행정경비를 소모하고 광고시장을 엄중히 교란하여 공정한 경쟁을 할 수가 없었다. 이런 업종별 신문들과 정부 각 廳급, 局급 신문들은 대부분이 행정수단에 의거하여 생존한다. 공비 주문만 해도 50억 위안을 넘는다. 이러한 상황에서 점진적인 방식보다 급진적인 방식이 필요 된 것이다. 1993년 이후 중국의 신문 개혁은 개혁을 하지 않으면 안 되는 혹은 개혁하기 어려운 한 부분을 선택하여 돌파구로 삼았다.

① 有償新聞에 대한 금지

1993년 중국의 신문일꾼들이 자신의 편리를 이용하여 금품을 받는 현상이 만연하였다. 有償新聞의 범람은 중국 신문일꾼들의 명예를 훼

---

83) 일부 언론사에서 경비부족을 해결하기 위해서 혹은 돈을 벌기 위해서 혹은 기타 목적으로 보도대상에 대해 일정한 비용을 받고 보도하는 것을 말한다.

손시킬 뿐만 아니라 올바른 사회주의 시장경제 질서를 건립하는데도 큰 영향을 준다. 1993년 7월 31일 중공중앙 선전부와 新聞出版署에서는 《關於加强新聞隊伍職業道德建設禁止有償新聞的通知》를 반포하였다. 규정에는 뉴스와 광고를 엄격히 구분하고 신문 활동과 경제활동을 엄격히 구분할 것을 명확히 요구하였다. 1994년 중공중앙 선전부에서는 다시 《계속하여 신문대오의 직업도덕 건설을 강화 할 데 관한 통지》를 반포하였고 1995년과 1996년에는 두 차례나 간담회를 열고 신문 사업자들의 직업도덕을 강화 할 것을 요구하였다. 1997년에는 中共宣傳部, 廣電部, 新聞出版署와 중국기자협회에서는 연합으로 《關於禁止有償新聞的若干規定》을 발표하여 정책이 부분적 법규형식으로 확립되어 실시되었다. 이리하여 신문 활동과 경영활동이 명확한 약속기제가 확립되어 신문의 광고경영, 발행경영이 취재편집부와 상대적으로 독립된 경제적인 실체로 되게 하였다. 불완전한 통계에 의하면 1997년 3월부터 2000년 3월까지 중국 기자협회에서는 유상신문 현상에 관해 1627건의 제보를 접수하고 조사를 진행하였다. 중국 신문사업자들의 특수한 지위와 체제에 의해 조성된 이런 괴현상은 전문직종으로서의 도덕성이 요구되지만 짧은 시간 내에 근절하기 위해 부득불 정책적인 수단을 동원하였다.

② 신문구조의 조정

중국 신문구조의 조정은 외부로부터 진행하였다. 우선 비정규적인 신문이면서 신문시장을 혼란시키는 내부 신문과 간행물84)에 대해

---

84) 내부 신문과 간행물이란 국가의 통일적인 신문간행물 등록증이 없고 공개적으로 판매를 하지 못하고 본 업종, 혹은 系統내에서만 유통되는 신문이나 간행물이다. 이런 신문이나 간행물은 광고 등 경영활동을 할 수가 없다. 그러나 일부 신문들은 불법적으로 광고를 취급하여 광고시장을 혼란하게 하였다.

신문시장에서 퇴출시키는 방법을 사용하였다. 1996년 12월 37호 문건에서는 신문 구조조정의 중점은 내부 신문과 간행물을 정리하는 것이었다. 37호 문건에서는 중점적으로 내부 신문과 간행물을 전환시키며 업종별 신문과 간행물을 감소시키는 방침을 취하고 금후 3년 사이에 공개 출판하는 신문과 잡지의 총 수량을 유지하며 질을 높이고 구조를 우량 화시키는 것을 중점으로 하며, 금후 省급, 部급 이하의 업종별 신문이나 기업신문을 비준하지 않는다고 했다. 이런 정신에 근거하여 3년에 거쳐 업종별신문과 작은 기관지를 324종을 정돈하였다. 1999년 8월 《두 판공실 30호 문건(국무원판공실과 중공중앙판공실)》에서는 《關於調整中央國家機關和省, 自治區, 直轄市廳局報刊結構的通知》를 발포하여 중앙 국가기관과 각지의 廳, 局의 635종의 신문에 대해 정리하였다. 2000년 12월까지 다른 신문사에 인수되거나 합병된 局, 廳의 신문은 550여종이나 되었다. 하여 經濟日報신문 집단에서 7종의 신문이나 인수하고 개편하는 등, 중국 신문들은 신문의 제호를 고치는 열풍이 일었다.

이번 정책의 취지는 행정부문과 출판부문을 분리하는 것이다. 新聞出版署의 한 관리는 "신문구조를 정돈하는 것은 1996년부터 시작하여 4년간 3단계를 거쳐 신문 집단을 건설하는 변혁과 서로 호응되어 대체적으로 정책목적에 도달하였다."고 하였다. 신문구조가 새롭게 재조합 되고 일정한 정도로 신문의 총 수량을 공제하고 행정부담을 경감하였으며 더욱이 非黨報의 시장화 생존을 추진한 것은 대단한 성과이다 2000년 6월에 이르러 내부간행물제도는 취소되었다.

③ 경고제도의 채택

2000년 1월 江澤民은 어느 한 연설에서 다음과 같이 지적하였다. 당의 노선, 방침, 정책의 중대한 문제에 대해 일부 신문들은 목소리가 일치하지 않다. 개별적인 사람들은 공개적으로 사유화를 宣揚할 뿐만 아니라 일부 공개적인 출판물에서는 당의 역사를 왜곡하거나 모택동의 업적과 당의 우수한 전통을 폄하하는 글을 게재하기도 한다. 또 일부 小報나 小刊, 혹은 사이트에서는 골목소식이나 정치적인 요언이 난무하다 이런 문제에 대해 우리는 반드시 연구를 하여야하며 조치를 취하여야 한다.

2000년 5월 中共宣傳部와 新聞出版署에서는 《關於建立違紀違 規報刊警告制度的意見》을 발표하여 주로 관리가 느슨한 小報, 小 刊에 대해 여러 가지 규제내용을 발표하였다.

첫째, 마르크스-레닌주의, 毛澤東사상, 鄧小平이론의 지도적 지위
　　　를 부정하거나 사회적으로 엄중한 악영향을 주는 현상,

둘째, 당의 노선, 방침, 정책을 위배하여 엄중한 정치적인 착오를
　　　범한 현상,

셋째, 국가기밀을 누설하여 국가안전에 위협을 주거나 국가이익에
　　　손상을 주는 현상,

넷째, 민족정책, 종교정책을 위반하여 민족단결을 파괴하고 사회
　　　안정을 파괴하는 현상,

다섯째, 폭력, 색정, 미신을 선양하고 비 과학을 선전하여 착오적
　　　인 사상향도 하는 현상,

여섯째, 요언을 傳播하고 가짜 뉴스를 전달하여 사업의 전반국면
　　　을 교란한 현상,

일곱째, 당의 선전부문과 신문출판부분에서 인정한 기타 엄중한
　　　착오현상 등이다.

이런 규정을 어기거나 혹은 일년 내에 3차례의 경고를 받았을 때 新聞出版署에서는 신문에 대해 정간하고 정돈을 하며 책임자에게 처분을 준다고 규정하였다. 그러나 이런 조례는 《출판관리조례》와 《報紙管理暫行規定》 중의 내용과 상충되고 또 어떤 처벌규준은

서로 충돌된다. 때문에 이 조례는 내부 기율조례의 역할이 크며 주로 小報, 小刊의 내용에 대한 일종 경종으로 적용하고 있다. 2000년 7월에 실시한 이래 이미 10여 개의 신문사가 신문출판서의 경고를 받았다. 급진적인 정책 방식은 뚜렷한 선택적인 목표를 가지고 있어 즉각적인 효과를 얻을 수가 있다.

3) 기본 목표 제시

중국이 WTO에 가입함으로서 전 지구화 물결이 중국을 향해 몰려오게 된다. 그러나 중국매체의 폐쇄적인 경영운행은 세계적인 것과 궤를 할 수가 없다. 국내외의 많은 눈길이 아직 개발되지 않은 이 처녀지를 바라보고 있다. 어떤 이는 매체산업은 중국에서 폭리를 얻을 수 있는 마지막 영역이라고 한다. 덩치가 커진 중국 신문매체는 자금을 수요하고 있고 일부 자본들은 투자 대상을 찾으려고 한다. 이런 시기에 굳게 닫힌 정책의 문이 소금씩 열리지 않을 수 없다. 또 일부 매체들의 실천이 이미 정책보다 앞서고 있는 상황에서 중공중앙판공청과 국무원판공청에서는 17호 문건(2001. 8)을 國家廣電總局, 新聞出版總署에서는 《關於深化新聞出版廣播影視業改革的若干意見》으로 발표하여 중국 언론개혁의 기본 목표를 제사하였다. 중국의 매체에 대해 지역, 行業(업종), 매체에 구애되지 않는 경영을 할 수 있도록 조건적인 허락을 하였다. 당과 정부에서는 정책상에서 총체적으로 새로운 방향을 제시하였다.

이 문건에서 신문 집단과 관련 된 요지는 다음과 같다.

① 개혁의 중점을 구조조정에 두고 매체의 수량을 공제하고 합리적으로 분포되게 하여 집약화 규모화 우세를 발휘하게 한다.

② 규모경영의 요구에 따라 연합, 재구성, 겸병 등 형식으로 종합 실력이 강한 미디어 집단을 건설한다.

③ 조건적으로 지역과 매체에 구애되지 않는 대형미디어 집단을

꾸린다.

④ 중국의 매체는 국가가 경영하고 외국자본과 개인자본을 영입
   하지 않는다.

대형 국유기업의 자본을 영입 할 경우 유한책임회사, 주식유한회
사의 형식으로 미디어 집단이 주식을 공제하여야 하며 투자기업은
선전업무와 경영관리에 참여를 하지 않는다.[85]

이런 정책의 추동 하에 2001년 9월 北京市 문화연합회에서 주관한
北京娛樂新報가 북경라디오, 텔레비죤방송집단에 가맹하였다. 이 신
문은 북경라디오, 텔레비죤방송집단이 주관하고 북경라디오방송국과
북경텔레비죤방송국, 곤명네트웍에서 협찬하는 신문이다. 2001년 12
월 6일에는 中國廣播電視集團이 성립되어 방송사업에서 하나의 초
대형 항공모함이 탄생되었다. 2003년 11월에는 중앙지인 光明日報와
南方日報 자매지인 南方週末이 연합을 하여 국제적인 경쟁력을 갖춘
80쪽이나 되는 대형신문 新京報를 출간했다. 새로운 정책에 의하면
방송집단은 가히 신문과 간행물, 도서 음반을 겸영할 수가 있다. 발행
집단(보급, 유통)은 하나의 기업으로서 국내외 여러 가지 자본을 흡수
할 수가 있으며 동시에 신문, 출판업에 관여를 할 수가 있다.

17호 문건은 중국신문정책의 추세와 방향을 대표한다. 국제적인
경쟁력을 갖춘 다매체를 소유한 대형미디어 집단의 건설이 기본 목
표인 것이다. 그러나 중공중안 선전부 부부상 李從軍은 여론의 주
도력을 강화하는 것이 미디어집단의 주요 임무라고 강조하였다.

---

85) "2001년 中國報業十件大事" 中國報業 2002. 1, "2002: 中國新聞業
    回望", 중국신문연구중심, 2003, 2, 18

제3절 시장화의 영향

1. 양적인 변화와 구조적인 변화

80년대 이후 중국신문은 수량과 구조상에서 커다란 변화를 가져왔다. 우선 양적인 면에서 살펴보면 다음과 같다. 통계에 따르면 1983년 전국에서 공개출판 되고 정식으로 발행허가번호를 가진 신문은 792종이다. 그중 일간지가 168종이다. 1996년 공개출판 된 신문은 2163종, 그중 일간지가 658종이다. 아래는 1983년부터 1997년 중국 신문의 총 종류수와 일간지 종류의 구체적인 통계표이다.

<표 5> 중국 신문종류와 일간지 종류(1997년 현재)

연 도	신문종류	일간지종류	연 도	신문종류	일간지종류
1983	792	168	1991	1514	308
1984	1049	189	1992	1666	339
1985	1205	231	1993	1775	398
1986	1359	247	1994	1951	471
1987	1022	255	1995	2089	560
1988	1276	260	1996	2163	658
1989	1496	263	1997	2149	304
1990	1442	282			

※ 자료출처: 《중국신문연감》 1984년부터 1998년 "中國報紙出版發行簡目"

위의 표에서 보면 1987년에는 신문의 수가 감소되고 1997년에는 일간지의 수가 감소된 외에 대체로 증가세를 보이고 있다. 이것은 1987년 국가에서 신문을 새롭게 등록하여 등록을 비준하지 않았거나 등록하지 않은 신문들이 제외되었기 때문이다. 1997년에는 국가에서 3 년을 계획으로 전국 신문의 난립에 대해 정비를 하여 일간지 심사를 엄격히 하였기 때문이다.

신문의 양적인 증가와 더불어 신문 구조에도 심각한 변화를 가져왔다. 1991년 국가유관부분에서는 중국의 신문을 9개 종류로 분류하였다. 機關報, 行業과專業報(직업전문지), 生活服務報, 社會團體報, 企業報, 晚報, 文摘報, 綜合類報, 軍隊報이다. 비록 이런 분류는 과학적이고 정확하지 못하지만 대체적으로 중국의 2000여종이나 되는 신문의 부동한 특성을 잘 드러낸다. 전국에서 새롭게 발간된 신문 중에서 직업전문지가 43%를 차지하는데 이는 계획경제체제시기 당과 정부의 기관지뿐이었던 단일한 체계가 변화가 되었음 말한다. 1993년을 예로 한다면 9大 種類 신문 중에서 수량이 제일 많은 것은 직업전문지인데 전국 신문 총수의 40.7%를 차지하고 機關報가 30.6%, 다음으로는 生活服務類報가 9.4%, 社會群衆團體報가 7.6%, 企業報가 5.3% 文摘報가 1.3%, 綜合類報가 0.7%, 軍隊報가 0.67%를 차지한다.86) 1993년 이후부터 새롭게 증가한 신문은 석간지와 생활 봉사류 신문이 위주이다. 불완전한 통계에 의하면 1993년부터 1997년까지 새로 증가한 374개 신문 중에서 석간지를 비롯한 도시 신문이 60%이상을 차지한다. 이것은 개혁개방 이후 중국의 신문은 경제 분야 신문과 도시시민을 대상으로 하는 생활 봉사류 신문이 중국 신문의 구조상에서 점하는 비율이 점차 증가하여 신문의 전체적인 체계가 비교적 합리화한 방향으로 변화한 것을 설명한다.

2. 중국신문의 경쟁의 실행과정

1) 경쟁 - 개혁의 원동력

개혁개방 이후 중국신문은 회복기, 발전기, 조절기를 거쳐 사회주

---

86) 《中國報業總量結構效益調査》, (新華出版社 1996), p.4

의 시장경제의 확립과 더불어 경쟁의 시대에 진입하였다. 1992년 중
국 공산당 제14차 당대표대회에서는 사회주의 시장경제체제를 확립
했다. 이는 중국 사회주의 이론과 실천에서 중대한 돌파였다. 신문
은 시장경제의 선전자인 동시에 시장경제의 실천자로 시장경제의 바
다 속에 뛰어들었다. 신문은 사회주의 시장경제의 이론과 실천을 잘
선전해야 하며, 또한 시장경제의 요구에 따라 운영해야 한다. 이는
필연코 중국 신문의 치열한 경쟁을 초래한다.

  사회주의 신문은 사회주의 건설과 개혁을 선전하고 반영하는 중
대한 임무를 담당한다. 그러나 신문은 전통적인 수법, 전통적인 가
치·취향, 전통적인 운행기제들로서 개혁과 시장경제에서 출현된 복잡
다단한 현상들을 충분히 표현할 수가 없었다. 중국 전통신문의 제한
점은 주로 아래와 같은 몇 가지에서 표현된다. 우선 신문의 기능이
비교적 단일하여 독자들이 여러 면의 수요를 만족시킬 수가 없다.
전통신문의 주요한 기능은 선진의 역할이다. 그러나 사회주의 시장
경제 하에서 신문의 기능은 다방면이다. 선전·교육의 기능 외에 정보
전달의 기능, 비평과 여론감독의 기능, 봉사기능, 문화오락의 기능
등 여러 가지 기능을 가진다. 다음으로 신문가치취향이 비교적 단일
하여 복잡한 사회현상과 사회주의 시장경제 중에서 나타난 새로운
이론과 실천의 제 문제를 정확하게 반영할 수가 없다. 신문의 표현
방식과 보도방식이 비교적 따분하다. 이런 시대의 요구에 적합하지
않는 전통적인 표현방식이나 운영기제를 개혁해야 만이 사회주의 신
문이 선전과 교육의 작용을 충분히 발휘할 수가 있다. 시장경제 하
에서 신문이 사회주의 방향을 견지하고 사회주의 이론과 실천 중에
서 나타나는 여러 가지 새로운 문제들을 반영하고 탐구한다는 것은
쉬운 일은 아니다.

  또한 시장경제 하에서 신문이 독자들을 선택하기보다 독자가 신
문을 선택하는 입지에 처해있다. 더욱이 주로 선전과 교육의 임무를

담당하고 있는 당 기관지는 새로운 난관에 봉착했다. 시장경제 하에
서는 이전처럼 행정명령에 의해 발행을 할 수가 없기 때문에 어떻
게 하면 신문업계에서 주도적인 지위를 차지하고 또 당과 정부의
耳目喉舌의 구실을 잘 할 수 있는가 하는 것은 그야 말로 중대한
문제이다. 이 문제의 해결은 오직 하나, 그것은 바로 신문을 개혁하
여 경쟁에 참여할 수밖에 없는 것이다.

시장경제 하에서 더욱 많은 신문들이 국가의 재정보조금을 받지
않는다. 뿐만 아니라 국가에서도 계획경제 시대에서처럼 절대적인
자금지원을 하지 않고 점차적으로 斷奶(젖을 떼는 방침)을 취하였
다. 다시 말하면 신문은 이미 경영과 손익을 자체로 책임지고 법에
따라 세금을 바치는 시스템 속에서 운행되어야 한다. 신문이 생존하
고 발전을 하자면 필연적으로 시장의 법칙을 따르지 않으면 안 된
다. 취재, 편집, 인쇄 발행 등은 원가를 따지지 않을 수가 없다. 신
문의 정상적인 운영을 위해서는 광고수입, 발행수입 및 기타 경영수
입은 반드시 신문이 지출을 초과해야 한다. 광고 발행 및 상관 수입
은 신문이 독자들의 환영을 받느냐 받지 못하느냐와 밀접한 관계를
진다. 이런 것들은 계획경제 시절에는 전혀 고려하지 않았다.

2) 신문경쟁의 시장구조

시장경제 하에서 시장에 진출한 신분사는 사회활동과 정치활동에
종사하는 사회조직, 정치조직일 뿐만 아니라 경제활동에 종사하는
경제조직이기도 하다.[87] 때문에 신문사는 시장 속에서 이윤을 창조
하고 확대 재생산을 하며 국가에 세금을 납부하여야한다. 신문사가
경제적 이익을 얻는 중요한 방법의 하나가 신문의 이중 판매이다.
즉 신문 상품을 독자에게 판매하고 다시 독자를 광고상에게 판매

---

87) 屠忠俊. 《當代報業經營管理》, (華中理工大學出版社 1999), p.3

하는 마술적인 표현인 것이다.

미시적인 경제학에서 시장경쟁의 구분은 일반적으로 완전경쟁, 완전독점, 독점경쟁, 과두독점 4가지로 나눈다. 이 4가지 종류의 부동한 시장의 구조는 아래와 같은 特點이 있다.[88]

<표 6> 시장구조에 따른 시장의 특성

시장 구조	상품 종류	산품성질	가격통 제정도	시장진입 난이도	판매방식	현실 중 유사한 예
완전 경쟁	아주 많다	동 질	완전 불능	아주 쉽다.	시장교역, 경매	우유, 과일, 채소 시장
독점 경쟁	비교적 많다	차별이 있다.	일정 정도	비교적 쉽다.	광고, 품질, 가격경쟁	화장품, 담배, 도서, 복장
과두 독점	아주 적다	일정한 차별, 동질	비교적 크다	비교적 어렵다	광고, 품질, 가격 경쟁	자동차, 철강, 석유
완전 독점	하나	대체 산품 이 없다	아주 크다	거의 불가능	광고, 서비 스 강하	전력, 수돗물, 전화

상술한 시장구조의 기본특징으로 볼 때 현대 신문업은 과두독점 시장에 속한다. 중국의 신문도 독점경쟁으로부터 과두독점경쟁으로 변화하는 과정 중에 있으며 일부 과두독점시장이 이루어졌다. 중국의 신문종류가 많다고 하지만 어떤 하나의 구체적인 일간지시장 구역으로 볼 때 그 시장의 용량은 제한적인 것이다. 이를 테면 인구가 백만이 되는 대도시에 수익을 얻는 종합성 일간지는 일반적으로 2-3개이다. 현재 중국의 區域시장에서 주도적인 지위를 갖고 있는 대형 신문사나 신문 집단은 일반적으로 2-3개이다. 그 외 일간지들이나 비 일간지들은 자금, 설비, 인력 등 여러 면에서 주류신문사들과 비교할 수도 없어 과두독점시장이 형성되고 있다.

---

88) 王 榮. "報業如何制訂實施價格策略", 中國記者, (增補版. 現代媒介
運用)

3) 신문경쟁의 구체적인 내용

중국신문의 경쟁은 80년대 세 차례의 신문발간 붐이 일어난 후 시작된다. 유관 통계에 의하면 1980년에는 1979년 보다 신문종류는 35%로 증가되었고 1985년에는 그 전해보다 32%증가되었고 1987년에는 그 전해보다 51%증가되었다.[89] 이런 신문발간 붐으로 신문시장은 재분할이 진행되었다. 원래의 신문은 자기의 시장을 고수하거나 확대하려고 하고 새로운 신문은 새로운 시장을 개척하려고 하여 경쟁이 필연적이었다. 하여 중국의 신문들은 선후로 증면과 주말 판발간경쟁, 뉴스경쟁, 발행경쟁, 가격경쟁, 인재경쟁(명기자 스카우트 등) 등 현상이 일어났다.

현대 신문의 경쟁은 매우 복잡한 시장경쟁 과정이고 경쟁의 내용도 매우 다양하다. 일반적으로 신문의 시장을 독자시장, 광고시장, 뉴스원 시장, 투자시장으로 나눈다. 신문시장의 특성에 따라 신문의 경쟁을 뉴스경쟁, 발행경쟁, 광고경쟁, 자본경쟁 인재경쟁으로 나눌 수가 있다. 뉴스의 경쟁은 뉴스의 내용, 뉴스의 형식, 속보, 신문브랜드 등 이 포함된다. 발행의 경쟁은 발행서비스, 판촉수단, 신문가격 등이 포함된다. 광고의 경쟁은 광고의 질, 광고기획, 광고가격 등이 포함된다. 자본 경쟁은 수입능력, 융자능력, 규모경제, 자본운영 등이 포함된다. 인재의 경쟁은 인재의 대우, 직업 만족도 등이 포함된다. 신문경쟁의 다섯 개의 면은 서로 싱권되고 제약하는 유기적인 정체이다. 증면과 발행에 대해 따로 설명을 하고 아래 뉴스경쟁, 가격경쟁, 인재경쟁에 대해 서술한다.

① 뉴스경쟁

신문이 보도범위를 확대하여 정보량을 늘리고 독자시장을 경쟁하

---

89) 方漢奇, 《中國新聞事業通史》 第3卷, (中國人民大學出版社 1999), p.499

는 가운데서 뉴스의 精品의식이 증대되어 뉴스의 질을 높이는데 힘을 기울기 시작하였다. 1994년 이후 많은 신문사에서는 자기 특색의 뉴스를 보도하기 위해 여러 가지 조치를 취하였는데 지어 뉴스선색을 제공하는 사람에게도 보수를 주기도하였다. 뿐만 아니라 여러 가지 형태의 뉴스콩클(톱뉴스, 현장 짧은 뉴스, 심층보도)을 진행하여 뉴스의 질을 높이였다. 뿐만 아니라 보도의 풍격, 내용, 형식 등 면에서 자기의 색깔을 내여 브랜드전략을 내세웠다. 특히 1998년을 전후로 하여 동일한 지역에 비슷한 독자층을 대상으로 하는 신문들이 여러 개 발간되어 속보경쟁도 더욱 치열하였다. 신문경쟁으로 유명한 四川省의 省都인 成都에는 풍격과 내용이 비슷한 도시 신문인 成都商報와 華西都市報가 치열한 속보경쟁을 벌리어 "기자는 살인범과 같이 빠르다. 살인범은 현장에서 떠나려고 빨리 달리고 기자는 현장에 가려고 빨리 달린다."는 유행어까지 생기였다. 현재 많은 신문사들에서는 24시간 풀 기동의 취재팀을 형성하고 있다. 또 신문지면을 자체의 특색이 있게 꾸리고 전문적으로 기획부를 설치하여 특색이 있는 보도로 다른 신문들과 경쟁을 하고 있다.

② 가격전쟁

중국의 최초의 신문가격전쟁은 100여 년 전에 上海에서 영국 상인 미차(중국명 美査)가 차 장사에서 실패하고 申報(1872)를 발간하고 당시 申報보다 10여 년 먼저 발간된 上海新報와 가격경쟁을 벌려 上海시장을 점령하고 중국에서 가장 오래 발간된 민간지의 역사를 세웠다. 그 후 중국 신문은 정당지가 위주였고 또 건국 후 중국신문은 계획경제체제 하에서 가격경쟁은 있을 수가 없었다. 시장경제 하에서 신문의 종류가 많아지고 발행과 뉴스경쟁으로 치열하였던 90년대 말 중국의 신문은 가격전쟁이 또 하나의 풍경으로 되었다. 특히 새로운 신문들이 많이 발간되고 여러 신문들의 경쟁력이 엇비슷한 成都, 南寧, 西安, 武漢, 南京 등지에서 포화가 없는 가격전쟁이 일어났는데 그중 南京이 가장 전형적이었다.

1999년 3월 省 黨委 기관지인 新華日報가 개편을 하면서 잠잠하던 南京의 신문시장에 돌을 던지었다. 그 해 5월 9일 江蘇省供給販賣合作集團 소속의 行業신문이 江蘇商報로 개편되어 타블로이드판 16면으로 발간하고 소매가격을 0.2위안(당시 많은 신문들은 소매가격이 0.5위안 혹은 1위안 임)으로 하였다. 이 신문은 바로 전날 즉 5월 8일 나토가 유고에 있는 중국대사관에 대해 오폭한 사건을 계기로 하여 발간하였기 때문에 독자들의 눈길을 끌었다. 0.2위안의 江蘇商報는 많은 사람들이 이름도 잘 모르던 데로부터 그 해 10월에는 발행부수가 13만 부로 되어 南京에서 발행부수가 가장 많은 조간신문으로 되었다. 이 신문의 놀라운 최저가의 효과로 南京의 각 신문들은 너도나도 가격인하를 하였다. 10월 12일 新華社南京分社가 주관하는 現代經濟報는 現代快報로 改題(타블로이드판 16면)하고 아예 0.1위안으로 하였다. 그러자 그 해 12월에는 발행부수가 30만 부로 되었다. 南京市黨委의 기관지인 南京日報는 12월 1일에 8면에서 12면으로 증면하고 부분적으로 칼러 인쇄를 하고도 가격을 0.5위안으로 하였다 뿐만 아니라 南京日報를 구독하면 자매지 金陵晚報(0.4위안)를 무료로 주었다. 12월 4일 金陵晚報은 "신문을 일년간 주문하면(144위안) 144위안싸리 경품을 드립니다."는 뉴스를 내어 또 새로운 가격 기록을 세웠다. 12월 8일 新華日報소속의 每日僑報는 반절지 8면으로 개편을 하여 전부 칼라 인쇄를 하고 0.1위안으로 하였다. 동시에 자매지 服務導報를 사면 每日僑報를 무료로 주었다.

가격 출혈경쟁의 부정당성의 엄중성을 느낀 江蘇省 省黨委는 2000년 2월 선전부의 주최 하에 몇 개 신문사들에서 합의를 하여 신문의 가격을 0.3원으로 하였다. 이리하여 남경신문가격전쟁은 일단락을 고하였다. 그러나 이번 신문가격전쟁은 근 1년간 지속되었고 지어 무가지 현상으로 나타나 중국 신문 계에 시사하는 바가 컸다.[90]

③ 인재경쟁

1999년 전후의 신문가격 경쟁은 신문경쟁의 표면 현상에 지나지 않는다. 신문경쟁의 중요한 발단은 이 시기를 전후로 수많은 신문들이 새롭게 창간되거나 원유의 신문을 改題하여 시장에 진출하고 시장쟁탈을 한 것이다. 신문사들은 치열한 경쟁 속에서 생존하려고 우수한 인재쟁탈에도 나섰다. 많은 신문사 책임자들은 팔을 걷어 부치고 인재유치에 적극적으로 나섰다. 인재경쟁에서 중국의 체육신문들 지간에 인재유치 전쟁은 중국 신문경쟁에서 하나의 축도로 된다.

갑A축구나 갑A농구 연고지가 없는 湖南省 일개 무명 신문이던 體壇週報가 1999년 말에는 전국에서 발행부수가 가장 많은 스포츠 신문으로 부상하여 중국 신문 계를 놀라게 했다. 이 신문의 성공은 주로 인재유치에 있었다. 우선 중국 스포츠분야의 명기자들을 20여 명 유치하였다. 다음으로 경영인재를 유치하였는데 그 중에는 중국 명문대학의 경영학 교수도 있었다. 이리하여 무명 스포츠신문이던 이 신문이 일약 발행부수가 100만 부를 웃도는 신문으로 되어 직접적으로 중국 스포츠신문의 만형격인 足球지와 경쟁이 벌어지었다. 이 두 스포츠신문은 서로 좋은 조건으로 스포츠가 발전한 沈陽, 大連, 靑島 成都 上海 등지의 스포츠 명기자들을 유치하거나 혹은 그 지역의 통신원을 모집하였다. 지어는 상대방의 기자들을 스카우트하는 경우도 있었다. 2001년 5월 중국 신문 계에는 폭탄선언이 있었다. 월드컵본선진출 아세아예선전을 보도하기 위해 특히 중국 대표팀 외국인 감독의 독점뉴스를 얻기 위해 體壇週報에서는 300

---

90) 周振華. "報價大戰的背後", 新聞知識 2001年 4期 참조

만 위안의 거액으로 足球지의 여기자를 스카우트했다는 소식이었다. 그것도 채용기간을 3개월로 정한 것이다.

스포츠기자들의 스카우트현상과 같은 인재유치는 중국 신문계로 하여금 신문의 경쟁은 궁극적으로 인재경쟁으로 여기고 장기적인 안목으로 인재를 육성하기 시작하였다. 2000년 廣州日報신문 집단에서는 淸華大學, 北京大學 復旦大學 등 명문대학에서 국내 일류의 인재들을 유치하여 현재 국내에서 석, 박사학위 소지자가 가장 많은 신문사로 되었다. 뿐만 아니라 많은 연구기금을 내여 신문인재를 계획적으로 양성하기도 하였다. 人民日報는 中國人民大學 신문학원과 復旦大學 신문학원에 《人民日報 장학금》을, 四川日報는 四川大學 신문학부에 《四川日報 장학금》을 설치하는 등 인재유치에 각별한 신경을 쓰고 있다. 廣州日報 한 책임자는 廣州日報의 오늘과 같은 휘황한 성과는 우수한 인재를 떠나서 상상할 수가 없다면서 인재의 중요성을 강조하였다.

상술한 것은 중국신문경쟁에서 나타난 주요한 현상이다. 그러나 그 배후를 보면 신문들이 시장에서 생존하기 위해서 광고경쟁이 신문경쟁의 主戰場이다. 신문사들의 광고경쟁이 치열하여 일부 부정당한 경쟁이 나타나기도 하였다. 광고의 가격으로 보면 어떤 신문은 전면광고가 10만 위안이지만 어떤 신문들은 2000위안에 전면광고를 하는 부당한 현상도 있었다. 광고를 끌어들이거나 낮은 가격에 광고를 하는 부당한 광고경쟁 외에 신문보도형식의 광고나 뉴스보도를 빌미로 기업에 비용을 요구하는 광고뉴스나 뉴스광고 등 부당한 광고경쟁으로 有償新聞이 범람하였다. 1997년에 유관부문에서는 신문보도의 형식으로 특정 기업 혹은 특정 산품을 광고하지 못하며 비용을 받은 지면에는 반드시 광고표시를 하여 다른 정보와 구별 되게 하여야한다고 규정하였다.

광고의 수입은 산문이 주요한 경제수입이지만 유일한 원천은 아니다. 신문의 경제가 발전 장대해지자면 오직 광고에만 의지하여서는 안 된다. 신문경제가 발전과정 중에서 자본의 경쟁은 홀시 할 수가 없는 중요한 부분이기도 하다. 현재 중국신문의 자본경쟁은 다각경영의 경쟁, 규모경제의 경쟁, 자본운영의 경쟁으로 나눌 수가 있다. 자본의 경쟁은 비교적 복잡한 경쟁이므로 본고의 4장에서 중점적으로 논의하련다.

신문의 주체로 볼 때 뉴스경쟁은 시종 신문 경쟁에서 핵심이다. 증면(주말 판도 포함)경쟁과 뉴스경쟁과정 중에서 신문경쟁은 브랜드 경쟁으로 이어지었다. 신문의 브랜드란 신문의 풍격, 특색, 및 자체문화 등 요소들의 총화이며 다른 신문들과 구별되는 식별체계인 것이다. 신문의 브랜드경쟁은 뉴스경쟁의 최고차원이며 신문 경쟁의 최고차원이기도 하다. 왜냐하면 인재의 경쟁이나 자본의 경쟁이나 규모의 경쟁은 모두 그 신문의 특색을 대표하기 때문이다. 더욱이 신문시장이 일정한 정도에 이르러 포화상태에 도달하면 자체의 브랜드가 그 신문의 생존을 결정한다. 현재 중국신문들은 양적인 면에서뿐만 아니라 질 좋은 정신직 식량을 제공하여 지기의 이미지를 각인시키기에 힘쓰고 있다.[91]

3. 신문내부기제의 변화

1) 두 바퀴를 동시에 굴리다

신문이 경쟁에 참여하고 綜合效益을 얻기 위해 사장의 영도아래 총편집장, 총경리의 책임제를 실시한다. 해방 초기 중국의 신문사는 일반적으로 사장 한 명을 두었다. 후에 소련의 眞理報(쁘라우다)를

---

91) 新世紀中國報業的現狀與未來趨勢
　htpp//:chuanmeiguancha.home.chinaren.com/7qushi.htm

모방해서 총편집장 책임제로 바꾸었다. 개혁개방 전까지 중국의 신문은 경영활동을 거의 하지 않아 총편집장은 경영에 신경을 쓰지 않고 신문만 꾸리면 그만이다. 그러나 시장경제를 도입하고 신문이 특수한 상품으로 시장에 나서자 '먹을 것, 입을 것'을 근심하지 않던 시대는 지나갔다. 1988년 전까지 신문의 경영활동의 규모는 크지 않아 '大編輯部, 小經理部'의 형태이므로 총편집장이 양쪽을 책임지었다. 그러나 1988년 3월 국가출판서와 공상행정관리국에서 <신문사, 잡지사, 출판사에서 유상봉사와 경영활동을 할 데 관한 잠행방법>이 반포 된 후 신문의 경영은 정책상의 인가를 받아 그 규모가 점점 커졌다. 그리하여 많은 신문사들은 한 명의 부총편집이 신문의 경영활동을 주관하게 되었다. 시장경제체제가 확립되고 신문의 경영규모가 대폭적으로 커짐에 따라 신문은 총편집장 책임제라는 단일한 운행기제로서는 시대에 적응할 수가 없는 것이다. 그리하여 사장의 영도아래 총편집과 총경리 책임제라는 두 바퀴를 동시에 굴릴 수 있는 운행기제를 건립했다. 이리하여 사위원회의 통일적인 영도아래 편집위원회와 경영위원회는 각기 자기의 업무에 전력하여 훌륭한 사회적 효익과 경제적 효익을 거둘 수가 있었다. 이 운행기제는 1994년 2월 廣東省 廣州의 羊城晚報에서 처음으로 채택하고 양호한 효과를 전국에 보급되었다. 1995년 羊城晚報은 또 중국에서 제일 먼저 신문 집단(報團)을 꾸린 신문사 중의 하나이다. 이는 신문개혁의 앞장에서 달리는 그들의 창업정신과 갈라놓을 수가 없다.

<그림 1> 신문사 조직구성표

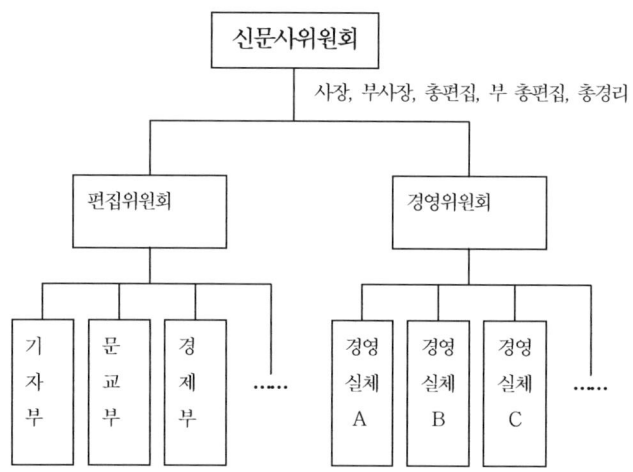

2) 편집부의 기업화개혁

무엇보다도 편집부의 '큰 기미 밥'을 믹는 폐난을 극복하기 위해 여러 가지 형식을 취한다. 대표적인 것으로는 우선 版面에 따라 部를 정하고 인원을 정하는 것이다. 어떤 신문에서는 생산 원가를 줄이기 위해 불필요한 부문을 줄이고 版面을 갱신하는 실제적이고 경제적인 개혁을 진행한다. 또 각 부의 주임은 인사권, 편집권, 分配權이 있는 동시에 그 版面의 질을 책임져야 한다. 각부에서 취재, 편집, 교정, 사진을 책임진다. 그리고 어떤 부문에서 일년에 한 번씩 수석기자를 높은 노임으로 계약한다.

다음으로는 원고 양과 노동에 따라 보수를 준다. 일을 하나 안 하나, 원고를 쓰나 안 쓰나를 따지지 않고 같은 노임을 받던 낡은 노임 제도를 폐지하고 임무를 정하고 임무를 완성하면 양에 따라 장려를 하고 임무를 완성 못하면 노임을 삭감한다.

이 밖에 일부 신문사들은 신문의 특점에 근거하여 정보의 이용도를 높이고 신문의 질을 제고시키기 위해 편집부를 세 부분으로 나누기도 한다. 첫째. 취재편집계통 - 총편집장실, 뉴스부, 종합부, 특집부, 副刊部, 미술사진부 등이 포함된다. 둘째. 피드백계통 - 여론조사부, 신문연구소 등이 포함된다. 셋째. 감시통제계통 - 신문審讀부, 행정업무감독부 등이 포함된다.

4. 정보량의 증가와 지면확충

신문이 경쟁에 참가하기 위해 부단히 정보량을 늘이면서 독자들을 흡인하는데 신경을 썼다. 정보량을 늘이는데 우선 짧은 뉴스로 제한된 지면을 유용하게 이용하는 한편 지면확충에 힘을 넣었다. 중국신문이 지면을 확충에는 주로 두 가지 형식이 있는데 하나는 직접적인 지면 확충이고 다른 하나는 간접적인 지면 확충이다. 간접적인 지면확충은 週末版을 발간하는 것과 여러 개의 자계통신문을 발간하는 것이다.

1) 週末版의 발간92)

신문의 표달 방식, 가치취향 및 체제의 개혁은 신문내부의 개혁이라면 증면은 신문 외형의 개혁이라고 말할 수가 있다. 중국신문은 1992년부터 주말판, 일요판을 발간하면서 치열한 증면 경쟁을 벌렸다. 이런 현상이 나타난 원인을 살펴보면 다음과 같다. 우선 원유의 신문지면으로는 여러 가지 정보를 다 전달할 수가 없다. 즉 제한된 지면과 날로 증대되는 정보량의 모순이다. 이런 모순을 해결하는 주요한 첩경이 증면으로 정보를 소화하는 것이다.

다음으로 독자들의 요구에서 비롯된다. 독자들은 당의 노선, 방침,

---

92) 週末版은 1981년 中國青年報에서 처음으로 발간, 현재 전국의 절반 이상의 신문이 주말판을 발간 한다.

정책을 이해하는 외에 국내외 중대한 정보, 특히는 오락, 문화지식, 취미 등 여러 면의 봉사를 해줄 것을 요구한다. 때문에 주말 판은 경제발전과 인민생활수평의 제고의 객관적 요구에 부합되며 독자들의 변화와 발전은 주말 판 현상이 나타나는 객관적 기초로 되며 독자들의 다차원의 문화적 수요는 주말 판에 광대한 시장을 제공한다. 마지막으로 신문이 독자 경쟁의 결과이다. 누가 독자를 많이 확보하는가에 따라 경쟁에서 유리한 지위에 처해있다. 지면이 많으면 독자들에게 더욱 다양하고 많은 정보를 제공하고 독자 수도 많을 수가 있다. 뿐만 아니라 주말 판이나 일요판은 가독성이 강한 사회뉴스나 일상생활에 유용한 정보를 많이 다루기 때문에 신문의 발행부수에 직접적인 영향을 준다.

　1992년 말과 1993년 초 北京, 上海, 廣州 등 대도시의 신문들은 주말 판, 일요판 경쟁을 벌이면서 독자들 쟁탈에 나섰다. 초기 중국 신문의 증면은 광고량의 확보보다도 우선 다양한 내용과 형식으로 독자를 흡인하는데 주안점을 두었다. 1993년에는 여러 신문은 주말 판 외에 실질적인 증면 경쟁을 진행하면서 다양한 정보와 풍부한 내용으로 독자를 흡인했다. 廣州日報가 1987년에 원 4면으로부터 8면으로 지면을 늘렸다. 그러나 신문의 증면 경쟁은 1990년 후였다. 역시 1992년 廣州日報가 원래 8면에서 12면으로 지면을 늘리자 그 해에 文匯報, 福建日報, 黑龍江日報등이 원 4면에서 8면으로 지면을 늘리었다. 1993년에는 解放日報, 經濟日報, 光明日報, 遼寧日報, 大衆日報, 沈陽日報 등이 4면에서 8면으로 지면을 늘리었다. 불완전한 통계에 의하면 1993년에는 130여 개 신문이 증면을 하였고 그 이듬해는 150여 개의 신문이 증면을 하였다. 당 기관지도 예외가 아니다. 성급 당 기관지를 실례로 하면 8면 이상으로 지면을 늘린 신문이 66.7%가 된다.[93] 일부 일간지는 석간의 독자를 겨냥하기도 하였다. 예를 들면 杭州日報나 長江日報는 오전에 8면, 오후에 4면을 발행하기도 했다. 신문사의 책임자들의 말은 빈다면 신문의 정보량을 늘리고 신문의 가독성을 높여 경제발전에 따른 광고의 수요에 적응하기 위해서 증면을 한 것이다. 특히 주목 할 것은 증면 과정에서 주로 뉴스 면을 확대하여 新聞紙의 특색을 살리는 것이다. 經濟日報와 光明日報는 8면으로 된 후 앞의 4면이 전부 뉴스 면으로 되었다. 뿐만 아니라 뉴스에 대해 새로울 뿐만 아니라 깊이도 있어야 하며 추적보도, 심층 분석, 배경교대, 예측보도도 있어야 한다고 요구하였다. 解放日報도 8면에서 12면으로 늘린 후 뉴스 면이 7개면, 종합 면이 4개면, 광고면이 한 개면으로 나누었다. 遼寧日報도 8면으로 된 후 6개 면이 뉴스 면으로, 大衆日報와 沈陽日報는 8면으로 된 후 5개 면이 뉴스 면으로 되었다.94)

증면과 더불어 주말 판 발간 경쟁도 일어 났다. 增刊의 형식은 다양하였는데 원래의 주 1간을 주 2간, 심지어 어떤 신문은 주 3간이나 주 4간을 내기도 했다. 지면도 원래의 4면으로부터 8면, 지어는 16면으로 확대되었다. 또 발간이름도 주말 판, 일요판, 월중 판, 월말 판(통칭 주말 판)으로 다양하다. 1981년 中國靑年報에서 처음으로 일요판을 발간하여 주말 판의 효시로 되었다. 1984년 南方日報에서 南方週末을, 1985년에는 經濟日報 星期刊을 발간하였다. 1990년대 초부터 光明日報, 工人日報, 北京日報, 大衆日報, 貴州日報 등 省 級이상의 신문들이 증면과 함께 주말 판을 발간하였다. 불완전한 통계에 의하면 1991년에는 전국 1000여 개의 신문들 중에서 54개가 주말 판을 발간하였지만 1993년에는 200여 개나 되었다.95) 1992년 신문 계에서 신문의 주말 판 현상에 대해 토론까지

---

93) 중국신문은 전통적으로 4면으로 되었다. 현재 주요한 신문은 대부분이 12~20면 내외이다.

94) 蕭　武, 張鳳雪. "1993. 報業大走勢", 新聞出版報 1993. 1. 13. 2면, "報紙擴版的第3次浪潮", 新聞出版報 1994년 2월 7일자 제4면

하였다. 신문은 증면으로 뉴스를 중시하였지만 주로 硬性뉴스를 다루었고 주말 판은 주로 연성뉴스를 다루었다. 또 주말 판에서는 사회적인 뉴스를 다루지만 80년대 중반에 성행하였던 심도보도와 구별되어 더욱 활발하고 사변적인 언어가 적어졌다. 다시 말하면 사회적인 기사를 의론하지 않고 사실 그대로 적는 것이다.96) 주말 판의 특색은 신문의 내용이 더욱 넓고, 더욱 연성 적이고 더욱 (생활에) 가깝고 더욱 짤막하고 더욱 활발하고 더욱 토색 적이고 더욱 아름다운 것이다.97)

주말 판의 발간형식은 주로 두 가지다. 하나는 모체신문과 동일한 제호로 출간하는 것이다. 이런 방식은 일반적으로 무게가 있고 사회적 이슈로 되는 여러 가지 내용을 집중하여 금요일 혹은 토요일이나 일요일에 특집으로 발행하면서 주말 판이나 일요판이라는 제목을 단다. 이때 주말 판은 독립성을 갖지 않는다. 다음으로 모체신문과 다른 제호를 단 독립형태의 주간지이나. 이런 형식의 신문은 모체신문의 편집방침과 큰 관계가 없이 자체의 발행번호를 가지고 단독으로 발간한다. 일반적으로 이런 신문들은 단독 편집부를 가진다.

2) 子系統신문의 발간

많은 신문은 선전과 정보전달이라는 모순을 조화시키기 위해 '신문의 직능분담' 형식을 취하고 있다. 이는 각 신문사에서 실천 속에서 더듬어 낸 비교적 효용적인 방법이다. 특히 省級 이상의 당보들은 분분히 자계통의 신문을 발간하기 시작했는데 주로 발췌신문이 아니면 석간지(도시 신문)인 것이다. 1995년 전국의 발췌신문은 30여 개, 매기 총 발행부수는 1100 만 부를 웃돌았다. 상해 解放日報

---

95) 黃昇民, 丁俊杰, 상계서(1999년판), p.38
96) 陸彩榮. "合作與競爭"新聞記者 1993년 제1호
97) 白貴淸. "週末版的魅力何在?" 新聞知識 1991年 12期

의 報刊文摘은 매기 발행부수가 168만 부, 북경 光明日報의 文摘報는 매기 발행부수가 42만 부에 달한다. 발췌신문은 여러 가지 다양한 내용으로 독자들에게 '생활의 백과전서'로 불린다. 그러나 이런 신문은 대부분이 주간이 아니면 순간이었다. 이는 광고양의 확보에 일정한 영향을 주었다. 이리하여 석간을 꾸리는 사조가 일어났다.

중국의 석간지는 대부분이 성, 地區級 市의 당보에서 꾸리고 있다. 현재 거의 모든 중등 이상의 도시에서 석간신문이 발행되고 있는데 괄목할만한 성장을 보이고 있다. 그 이유는 기존의 딱딱하고 무미건조한 정치성 기사를 실어 온데 반해 짧고 간결한 기사, 최신 뉴스, 흥미 있는 칼럼, 생생하고 활력 있는 읽을거리 기사, 재미있는 만화를 게재하고 있기 때문이다.98) 중국의 대표적인 석간신문은 上海의 新民晚報, 廣州의 羊城晚報, 北京의 北京晚報, 天津의 今晚報이다. 석간신문은 1990년에는 46개, 1992년에는 58개. 1994년에는 128개, 1997년에는 144개에 달했다. 이리하여 석간신문의 황금시대를 열었다.

중국의 석간신문을 다음과 같이 분류할 수가 있다. 우선 一身二職의 형태 즉 당보이면서 석간지이다. 예를 들면 成都晚報(成都市 당위 기관지), 福州晚報(福州市委 당보), 合肥晚報(合肥市委 당보), 延吉晚報(延吉市委 당보) 등이다.

다음으로 독립적인 신문사이다. 예를 들면 上海의 新民晚報, 廣州의 羊城晚報, 天津의 今晚報 등이다.

그 다음은 성, 시의 당 기관지의 자계통의 신문이다. 예를 들면 北京晚報(北京日報), 楊子晚報(新華日報), 濟魯晚報(大衆日報)등이다.

마지막으로 석간지 성격의 도시 신문이다. 이런 신문들은 1995년부터 발간되기 시작, 주관부문은 모두가 성급 기관지이다. 이런 신

---

98) 박용수. 《중국의 언론과 사회변동》, (나남 2000), p.171

문들을 석간신문이라고 하지 않는 것은 당시 中國新聞出版署에서
는 한 지구에서 두 개의 석간지를 발간하지 못하게 규정하였기 때
문에 통칭 都市報이라고 했다. 도시 신문의 효시는 1995년 成都에
서 四川日報가 발간한 華西都市報이다. 1997년의 통계에 의하면
이런 도시 신문이 22 개 가 되었다. 도시 신문(일부 석간지를 포함)
은 막강한 실력을 과시했다. 1997년 전국 2100여개의 신문(공개발
행)의 총 광고수입은 96억 위안이었다. 그 중 전국 신문의 총수량에
서 7%도 안 되는 석간지의 광고수입이 1/3을 차지했다.

석간지의 번영은 무엇보다도 독자들의 수요에 의해 이루어진 것
이다. 현재 중국의 도시인구는 전국인구의 45%에 가깝다. 시장경제
의 번영과 현대화 도시의 발전은 새로운 평민계층이 형성, 발전하게
되었다. 이런 평민계층은 중국대륙에서 상당한 문화수양과 구매력을
갖춘 '현대인'들이다. 이들의 정보욕구와 오락적 요구는 대단한 것이
다. 또 한편으로 신문사는 시장에로 전환과성에서 정부로부터 보조
금을 받지 못하거나 적게 받기 때문에 '造血工場'이 있어야 했다.
대부분의 석간지(도시 신문)는 독립적인 신문사가 아니고 어미신문
이 낳은 자계통의 신문인 것이다. 이런 석간지들은 어미신문의 양성
순환과 경쟁력을 높이는데 이바지한다.

5. 광고와 발행

신문이 경제적 수입을 늘이고 확대 재생산을 하기 위해서는 신문
의 원가를 낮추는 것도 있지만 주로 광고나 발행, 또는 기타 사업에
서 수입을 올리는 것이다. 특히 정부에서 신문사에 점차적으로 재정
적 지원을 줄이자 각 신문사에서는 자급자족의 길을 걷게 되었다. 사
실상 중국신문이 당면한 문제는 재정난이다. 비록 대부분 신문은 상
당부분의 경비를 정부에서 보조를 받으나 신문의 대량 증가로 인하

여 상대적으로 분배되는 예산 액수는 적었다.99) 1998년부터는 성, 시 당위 기관지는 전부 손익을 자체로 부담하는 정책을 실시하였다.100) 때문에 각 신문들은 광고를 비롯한 여러 가지 방법으로 수입창출에 신경을 섰다. 1979년 1월 解放日報, 天津日報가 처음으로 개혁개방 이후 첫 상업광고를 게재했다. 그 해 1월 28일 상해텔레비전 방송국 에서 처음으로 중국 TV역사상 상업광고를 했다. 그 해 11월 중앙선 전부에서는 '신문, 방송, TV에서 외국 광고를 할 수가 있다'는 통지 를 반포했다. 그 후부터 중국의 매체에서는 광고열풍이 불고 또 수많 은 광고회사들이 출현하였다. 이어 국가에서는 광고를 하나의 경제적 산업으로 간주하고 그 관리를 법제화하기 시작했다. 1982년에는 《廣 告管理暫行條例》를 제정, 1987년에는 《廣告條例》를 실시, 1995년 에는 《廣告法》이 제정 실시 되었다. 1990년대 중국 신문의 광고 상 황을 살펴보면 다음과 같다.

<표 7> 연도별 신문사, 광고 액 및 광고종사인원

연 도	신 문 수	광고 액(만 위안)	고종사인원
1990	1298	67710.5	7867
1991	1387	96187.5	8454
1992	1539	161832.4	10196
1993	2054	377109.0	14190
1994	2509	505442.0	18304
1995	2334	646768.0	18280
1996	2231	776891.0	19352
1997	2329	998265.0	20040

※ 이 수치는 蘭州大學學報(사회과학판) 1999.1 p.135를 참조한 것임.

초기 중국의 신문광고는 국가가 지원하는 재정의 부족을 해결하

---

99) 朱鳳義. 위의 논문. p.180
100) 梁衡. 위의 논문. p.8

는 수단이었으나 최근에 와서는 광고의 수입은 국가에서 재정적 지원을 끊자 신문경영에서 가장 큰 경제적 원천으로 된다.

중국의 신문사는 국유자산이다101). 따라서 신문이 선전과 교육의 기능은 여전한 것이다. 그러나 시장경제체제 하에서 신문의 관리방식의 변화로 신문에 영향을 주어 다양한 변화가 생겼다. 가장 큰 특징은 원래의 하나의 얼굴로부터 지금의 두 개가 얼굴로 변화한 것이다. 다시 말하면 한쪽으로는 과거와 같이 정부의 얼굴을 가지고 선전, 교육 등 임무를 수행하고 다른 한편으로는 기타 기업과 같이 시장의 원칙에 따라 영리활동에 종사한다. 이것을 '사업단위, 기업관리' 혹은 '시장경제의 선전자이면서 시장경제의 실천자'라고 말한다. 이러한 '관상합일(官商合一)'의 성격은 신문의 광고 발전에 많은 편리를 준다. 그 것은 바로 전문적인 광고회사가 신문을 포함한 언론매체와 대항할 수가 없는 것이다. 1987년 광고계는 언론매체가 과도하게 자신의 광고사업을 확장한다는 이유로 정부에게 광고대리제를 실시해달라고 요구했을 때 당시 국가 유관부문의 책임자는 '광고는 단순한 상업 활동이 아니고 동시에 정치와 문화의 특성을 가지고 있어서 언론매체의 광고경영을 전반적으로 광고회사에게 맡길 수가 없다.'고 말했다. 따라서 신문은 정부의 산하에서 광고회사와 큰 경쟁을 하지 않고 광고업을 급속하게 발전시켰다. 1991년 전까지 신문의 광고 매출액은 줄곧 1위였으나 그 후부터는 TV에게 보좌를 넘겨주었다.102) 중국에 있어서 신문을 포함한 언론매체들은 사실상에서 단순한 언론매체가 아니라 전문적인 광고제작회사인 것이 특징이다.103)

---

101) 1999년 10월 23일 국가국유자산관리국, 재정국, 국가신문출판서에서는 연합으로 통지를 내어 중국의 신문사와 잡지사는 모두 국유자산에 속한다고 하였다.

102) 1993년부터 광고업회사가 전국의 광고총매출액에서 기타 대중매체를 제치고 1위를 차지했다.

103) 周鳳義. 위의 논문. pp.184-187 참조

시장경제를 도입한 후 신문은 광고와 기타 상관적인 경영을 통하여 재정을 확충하는 한편 자신의 유통체제를 개선하고 생산원가를 절약하였다. 과거 중국의 신문은 줄곧 우체국을 통해 발행을 하였다. 신문의 우체국발행은 신문의 원가를 높여줄 뿐만 아니라 제시간에 독자들의 손에 닿지 못하여 신문의 시의성이 크게 떨어졌다. 지금은 대부분 신문사가 우체국과 자체발행을 겸용하는 방식을 취한다. 다시 말하면 자지방 도시의 구독자들에게는 자체발행을 하고 교통이 불편한 지역이나 혹은 신문을 출판하는 곳에서 먼 지역은 우체국을 이용 한다.

1984년 洛陽시 당위 기관지인 洛陽日報가 처음으로 자체발행을 하였다. 자체발행은 신문사에 많은 이익을 가져다주었다. 우선 신문의 시의성이 크게 향상되었다. 과거 아침신문은 점심이나 저녁에야 받아볼 수가 있었지만 지체발행을 실행한 후 구독자들은 아침에 신문을 볼 수가 있었다. 두 번째는 발행 서비스의 향상이다. 우체국을 통해 신문을 발행할 때는 신문은 늘 지정된 곳으로 보내고 구독자들이 직접 신문을 가지러 가야만 했다. 특히 이런 현상은 교외나 향촌에 더욱 뚜렷하다. 그러나 자체발행은 신문사에서 직접 사람을 이용하기 때문에 발행서비스도 많이 높다. 다음으로는 신문 발행부수의 증가이다. 신문사가 발행을 직접 관할하기 때문에 독자의 신문 구독이 더욱 쉬워져 구독 량도 많아진다. 마지막으로 발행비용의 절약이다. 자체발행은 우체국발행보다 약 20%의 비용을 절약할 수가 있고 또 구독료가 직접적으로 신문사에 전달되어 자금조달 능력과 효율성을 크게 개선시켰다.

또 많은 신문사에서는 분분히 신문, 잡지 판매대를 세우거나 分印点을 세워 발행지역을 넓히고 있다.

과거 신문의 발행체계는 매우 폐쇄적이었다. 원칙적으로 소수의 전국성 신문을 제외하고는 절대 다수의 신문은 일정한 지역 내에서만 발행할 수가 있었다. 예를 들면 吉林日報는 주로 吉林省내에서만 발간되고 遼寧日報는 遼寧省 내에서만 발간되었다. 그래서 한 地區에서 다른 성이나 다른 시의 신문을 구독하기가 어려웠다. 개혁개방 이후, 특히 시장경제를 확립한 후 사회의 정보수요가 급증되고 또한 각 신문사에서 발행 지역을 확대하여 자신의 사회적 위상을 높일 뿐만 아니라 발행부수를 증가하여 경제적 효익을 창출하기에 노력했다. 이리하여 전국지의 지방화, 지방지의 전국화로 현상이 나타났다. 예를 들면 人民日報는 北京에서 전국 판을 발행할 뿐만 아니라 전 세계 화교를 대상으로 하는 해외 판을 발행한다. 또 上海에서는 人民日報. 華東版을 발간하고 또 廣州에서는 人民日報. 華南版을 발간한다. 上海의 文匯報의 총 발행부수는 170만 부인데 上海에서는 30여 만 부를 발행한다. 解放日報의 발행부수의 절반 이상은 上海 외의 타 지역에서 구독한다. 新民晚報는 위성을 이용하여 동시에 뉴욕에서 발긴한다. 羊城晚報의 대부분 독자는 타 지역독자들이다. 廣州日報의 足球報는 전국 10개의 대도시에 分印点을 세우고 동시에 발행해 명실 공히 지방지의 全國성 신문이다. 1998년부터는 보조판(輔版)이라는 형식이 등장하기 시작했다. 한 전국적인 신문은 전국 20여 개의 도시에 보조 판을 발간했다. 예를 들면 京津輔版, 重慶輔版 등이다.104)

6. 관, 공비주문의 감소와 사비주문의 증가

계획경제시기 중국신문이 남겨 놓은 하나의 유산은 바로 관, 공비주문이다. 개혁개방 전에는 경제수준이 높지 않은 상황에서 국가가 사회주의 문화사업의 발전을 위하여 신문사에 재정보조금을 지원할

---

104) <2000年後的 報紙業>, 北京日報 2000.년1월.14일 9면

뿐만 아니라 국가의 공기관에서 신문주문 비용을 지출하기도 하였다. 기업, 혹은 사업단위의 신문 주문비는 본 단위의 생산비용이나 복지기금으로 지출하기도 한다. 이런 신문의 관, 공비의 주문은 중국 신문이 운영되는 중요한 경제적인 원천으로 되었다. 비록 개혁개방 이후 이러한 상황을 조금 개변되기 하였지만 아직도 중국의 많은 사람들의 노임은 "적은 노임, 높은 福利"구조이기 때문에 신문의 관, 공비 주문은 계속되고 있다. 그리고 많은 사람들은 신문을 통하여 당, 정, 군중단체의 정책과 주장을 알고 있기 때문에 관, 공비로 신문을 주문하는 현상은 상당기간 존재할 것이다,105)때문에 중국 신문이 시장화로 변화하는 시기에 신문의 경영자들은 관, 공비 주문과 사비주문을 고려하지 않을 수가 없다.

현재 관, 공비주문이 계속 유지되는 한편 사비주문이 활기를 띠고 있다. 1994년 成都지구의 조사를 보면 독자들은 사비주문이나 신문 판매대에서 직접 구매하는 것이 43%에 이르러 관, 공비시장이나 사비시장이 비슷함을 나타내었다. 또 1995년 중앙선전부에서 전국적인 범위에서 조사한 결과 사비독자는 조사자의 54%, 관, 공비 독자는 조사자의 46%로 밝혀지었다.106)이런 보고결과는 중국신문의 소비형식의 변화를 보여 준다 사실 현재 중국의 도시에서 거리와 골목마다 신문잡지 판매대가 설치된 것이 하나의 풍경이기도 하다. 그러나 아직도 관, 공비의 주요 대상은 전통적인 당보들이고 사비구독의 신문은 석간지와 같은 생활 봉사류 신문이다. 1996년 창간 된 北京靑年週刊에서는 매주 제일 잘 팔리는 신문을 열거하는 欄이 있는데 이 欄을 살펴보면 독자들은 다음과 같은 신문들을 사서 구독한다. 北京晚報, 參考消息, 中國體育報, 北京市場報, 北京靑年報(이상 일간지), 주

---

105) 張西明. "我國報業發展透析", 新聞與傳播硏究 1996. 2

106) 《中國報業總量結構效益調查》, (新華出版社 1996), p.43

간지들로는 北京廣播電視報, 中國廣播電視報, 足球, 精品購物指南, 南方週末 등이다. 중국 독자들이 사비로 신문을 구독하는 것은 주로 발췌신문, 석간지, 주말신문, 혹은 오락성 신문들이었다.[107]

제4절 소 결

중국신문의 첫 시장화 실험은 50년대 초에 시작하였으나 그것은 관념상의 변화가 아니었다. 당시 열악한 경제상황에서 가격인상, 인원의 배치, 발행 등 경제적인 지출을 줄이는데 중점을 두었을 뿐 관리체제를 시장의 수요에 맞게 변화시키는 것은 아니었다. 또 신문의 선전과 여론향도 역할을 강조하면서 대중의 수요나 대중을 위해 봉사는 데는 소홀했다.

개혁개방 이후 중국신문의 시장화는 변화된 사회경제환경과 더불어 관념의 변화와 동반 된 것이다. 신문이 계급투쟁의 수단과 계급독재의 수단이라는 관점을 비판, 시정하고 신문은 사회여론의 수단과 정당선전의 수단이라는 관점과 동시에 대중전파매체라는 새로운 관념을 수립하였다. 신문은 과거 傳播者의 입장에서 출발하여 傳播者를 중심으로, 혹은 傳播者 본위로부터 수용자도 중시하기 시작한 것이다.

신문이 정보산업이라는 이론적인 논의는 당 14차 대표대회이후(사회주의 시장경제의 확립 후)이다. 1993년 6월 국무원에서는 "제3산업을 신속하게 발전시킬 데 관한 결정"을 발표하고 신문경영을 제3산업에 편입시켰다. 이것은 적어도 신문사업을 일종 산업으로 연구를 하고 발전시켜야한다는 표지이다. 1995년 5월 중국사회과학원 언

---

107) 《中國報業總量結構效益調查》, (新華出版社 1996), p.43

론연구소에서는 《사회주의 시장경제와 신문사업》이라는 전국학술회를 열고 "신문은 일종 정보산업이다. 신문은 나름대로의 생산, 유통, 소비의 법칙이 있다."라고 결론 내렸다.

1990년대부터 신문의 산업화운영을 기본적으로 신문개혁 인식의 틀로 잡았다. 1978년 시작한 신문개혁 과정에서 신문이 시장화를 지향하면서 산업속성은 점차적으로 강화되었으며 마지막에 "신문산업"이란 개념이 형성되어 "사업단위, 기업화관리", "一業爲主 多種經營", "自主經營, 損益自負, 自我約束, 自我發展" 생존방식이 나타났다.

산업화 운영과정에서 신문으로 하여금 점차적으로 정보전달, 정책선전, 여론향도와 여론감독, 지식전파, 오락제공, 광고를 게재하는 등 다양한 사회역할을 다양하게 발휘하게 한다.

신문이 산업화운영과정에서 수용자의 뉴스와 정보수요를 만족하는 것이 신문의 생존과 발전의 기본출발점으로 되었다. 그리하여 송신자 본위(本位)로부터 수용자본위(本位)로 넘어가게 되었으며 따라서 커뮤니케이션과정에서 수용자의 주체적 지위는 충분한 긍정과 존중을 받게 되어 커뮤니케이션 관계는 과거의 일 방향으로부터 상호역동적인 관계로 변하였다. 그리하여 신문은 "관점신문"으로부터 점차 "뉴스신문"으로 변화되었으며, 뉴스가치는 선전가치의 기초로 되어 뉴스가치와 선전가치의 이중취향은 과거 선전가치의 단일적인 취향을 대체하였다.

관념의 변화와 산업화 운영과정에서 중국 신문의 실천방식도 거대한 변화를 가져왔다. 우선 신문의 양적인 증가와 더불어 신문의 전반구조에도 변화가 생기였다. 廣州日報신문 집단이 성립되기 전 1995년에는 신문의 수량은 2000여종이 되었으며 신문구조도 단일한 기관지로부터 경제 분야 등 업종별 전문지와 도시시민을 대상으로 하는 생활봉사류 신문이 중국신문의 구조상에서 점하는 비율이 점차 증가하여 신문의 전체적인 체계가 비교적 합리화한 방향으로 변화했다.

다음으로 전통적인 신문업무 방식을 개변시켰다. 단순한 선전사업과 선전수단의 시대에서는 상급으로부터 정해 내려온 편집방침의 지도 하에 그대로 취재, 기사 쓰기, 편집, 평가, 촬영 등 업무활동을 진행하였다. 시장경제 하에 경쟁은 신문의 기본생존방식으로 되었다. 더 새롭고, 더 많고, 더 훌륭한 뉴스를 제공하여 수용자의 정보수요를 만족시키는 것이 신문의 생존을 결정하는 것이다. 신문의 경쟁은 뉴스경쟁, 발행경쟁, 광고경쟁, 자본경쟁, 인재경쟁 등 다양한 형태로 전개되었다.

마지막으로 경영관리의 중요성도 인정되었다. 신문이 단순한 선전수단으로서의 역할은 혁명전쟁 년대나 계획경제시대의 요구에서 비롯된 것이다. 그러한 시대환경에서 신문의 운영경비는 창설기구 혹은 국가행정부문이 제공하며, 신문은 그냥 상급영도기관의 의도에 따라 선전업무나 잘 하면 자신의 사명을 완수한 것이며 신문의 경영을 고려하지 않아도 된다. 신문이 시장으로 얼굴을 돌리고 또 자주경영, 손익을 자체로 부담하며, 자아약속, 자아발전의 경제실체로 변화되어 신문경영관리의 중요성은 날따라 두드러지게 체현되고 있다. 그리하여 인쇄경영, 발행경영, 광고경영, 다각경영, 자본경영 등 각종 경영활동이 고도의 중시를 받았으며 경영관리부문이 지위가 신속히 올라갔다.

제4장 중국신문 집단의 형성과 관리경영 특성

제1절 중국 신문 집단의 형성과 기본조건

1. 신문 집단 설립의 제기와 설립조건

1992년 이후부터 중국 新聞業이 국민 경제에서 신흥 산업으로 급부상하였으며, 동시에 각 신문간 경쟁도 날로 치열해졌다. 따라서 우승열태(優勝劣汰), 분화소합(分化組合)은 필연적인 추세였다. 그런 상황에서 新聞業이 지속적으로 발전하려면 규모 경영의 문제를 해결해야 했다.

사실 중국신문은 1990년대 초부터 집단화방향으로 나아가는 조짐을 보이기 시작하였다. 그 대표적인 것은 많은 신문사들이 분분히 자매지를 발간하기 시작한 것이다. 자매지란 말 그대로 모체신문을 상대해서 이르는 말이다. 세계의 신문사들이 집단화 형성과정은 주로 두 가지 형식을 취하고 있다. 하나는 내부에서 파생된 신문이나 잡지로 집단을 형성하는 것이고 다른 하나는 외부의 확장을 통해 다른 신문들을 겸병하여 신문 집단을 이루는 것이다. 첫 번째 경우에는 일반적으로 종합적인 일간지가 여러 개의 대상성, 전업성, 혹은 지역성 신문들을 발간하는 것이다. 이런 신문들을 자보(子報) 혹은 자매지라고 하고 파생시킨 신문을 모체신문(母報)이라고 한다. 일반적으로 모체신문은 역사가 비교적 길고 사회적인 영향력과 경제적인 실력이 강하여 집단 중에서 주도적인 지위에 있다. 자매지의 경제적인 지위는 아래와 같은 경우가 있다. 우선 집단 내에서 독립핵산단위로서 모체신문과 동등한 지위를 가진다. 다음으로는 집단에서 자금을 제공받아 자주경영 능력이 없고 경제상에서 집단에 의뢰한다. 그 다음으로 모체신문사내에서 독립핵산 단위로서 자주경영을 하기 때문에 모체신문사의 독립경제실체이다. 마지막으로 모체신문에 의존하는 모체신문의 부속기관으로서 독립적인 자주 경영권이 없다108).

현재 중국신문들은 대부분이 사업단위이기 때문에 신문사의 상호 겸병은 경제상으로 어렵고 새로운 신문발간이 상대적으로 쉬워 실력이 있는 신문사들은 자매지의 발간으로부터 집단화의 길을 걸었다. 이를테면 중국의 제일 영향력이 있는 신문인 人民日報는 8개 신문과 5개 잡지, 1개 출판사 1개 서점을 기지고 있다. 즉 人民日報, 人民日報(海外版). 人民日報(華東版), 人民日報(華南版), 市場報, 還球時報, 中國經濟快迅, 諷刺與幽黙, 新聞戰線, 時代潮, 中國質量萬里行, 大地, 人民論壇, 人民日報出版社, 金泰書社 등이다.

중국의 개혁개방과 활발한 국제 교류로 많은 신문사의 책임자들은 국외의 다양한 신문 집단을 견학하고 시야를 넓혔다. 그러나 신문 집단을 어떻게 꾸려야 하는가에 대해서는 중국의 선례가 없었기 때문에 따라할 모델이 없었다. 이런 상황은 중국 국가신문출판서의 주의를 불러일으켰다. 중국의 구체적인 상황과 '정확한 여론을 향도하는 것'을 기본 임무로 하는 중국 신문의 특성을 고려하여 신문 집단은 무엇보다도 일정한 규모를 갖추어야 한다는 것이 국가신문출판서의 입장이었다. 국가신문출판서는 1994년 5월 18일 《關於書報刊音響出版單位成立集團問題的通知》를 내고 다음과 같은 몇 가지

---

108) 唐緒軍. 《報業經濟與報業經營》, (新華出版社 1999), pp.411-4113

규정을 세웠다. 첫째, 현재로서는 실력이 있는 몇 개 신문사에서 실험으로 시행할 수 있다. 그러나 전면적으로 신문 집단을 추진하지는 않는다. 둘째, 주식형 신문사를 조직하지 않는다. 셋째, 신문사는 정보산업과 무관한 기업을 흡수하지 않으며, 또한 그런 상업 활동에도 참가하지 않는다. 넷째, 한 개 이상의 성급 행정 구역을 벗어나 신문 집단을 꾸릴 수 없다. 다섯째, 신문 집단을 꾸리려면 논증 보고를 제출하여 신문 출판서의 인가를 받아야 한다. 통지는 또 이미 스스로 신문 집단이라고 칭한 신문사들로 하여금 "報業集團"이라는 칭호를 취소하라고 하였다.109)

신문 집단화 경향이 이미 하나의 추세고 또 많은 신문사들에서는 자기의 신문을 집단으로 꾸리려는 욕망이 있으나 주관부문에서는 자유롭게 신문 집단을 꾸릴 수 없고 또 심사와 비준을 거쳐야만 하니 심사규준이 도대체 무엇인가에 논의가 필요된 것이다. 1994년 6월 10일, 국가신문출판서는 절강성(浙江省) 성노(省都)인 항주(杭州)에서 처음으로 신문 집단설립 문제에 대한 토론을 하였다. 이 토론에는 光明日報, 經濟日報, 浙江日報, 北京日報, 遼寧日報 등 10여 개 신문사의 최고 책임자들이 참가하여 신문 집단 건설의 필요성, 가능성, 그리고 신문 집단의 기본 조건에 대해 집중적으로 논의하였다. 이 회의에서는 신문 집단을 건설 할 필요성을 다음과 같이 열거하고 있다.

① 신문 집단을 건설하는 것은 세계 신문발전의 하나의 추세이다. 新聞業이 일정한 단계로 발전되면 신문 집단을 형성하는 것은 하나의 추세이다.

② 신문 집단을 건설하는 것은 정확한 여론의 향도를 강화하기

---

109) 劉波 "關於新聞集團" 新聞戰線 1998年 7期

위한 수요이다.

③ 신문 집단을 건설하는 것은 中國新聞業 실력을 강화하기 위
한 수요이다.

④ 신문 집단을 건설하는 것은 新聞業관리를 강화하기 위한 수요이다.

⑤ 신문 집단을 건설하는 것은 신문사 내부 체제개혁의 수요이다.

이 회의에서는 또 신문 집단의 설립에 대한 다음 5항 조건이 제
정되었다.

① 영향력이 있는 주보(主報, 모체신문, 주로 당 기관지) 외에 적어
도 4개 또는 4개 이상의 자계통(子系統, 자매지) 신문 혹은 잡
지가 발간되어야 한다. 이는 정보 공급 능력을 따지는 것이다.

② 각 지역의 경제 발전 차이를 고려하여 경제가 발전된 동부 연
해 지구에서는 신문사의 실제 연간 수익이 5,000만 위안 이상,
중서부 지구는 연간 수익이 3,000만 위안 이상인 신문사여야
한다. 이는 경제적 실력을 따지는 것이다.

③ 신문사의 기자, 편집 인원 중 차장급 직함을 가진 인원이 20%
이상을 차지해야 하고 경영관리인원과 전업기술인원 중 중급기
술 직함을 가진 인원이 15% 이상을 차지해야 하며 반드시 고급
기술 직함을 가진 일군이 있어야 한다. 이는 전문인재의 실력을
따지는 것이다.

④ 반드시 독립적인 인쇄공장을 가져야 하며 현대적인 인쇄설비
를 갖추어야 한다. 특히 칼라 인쇄를 할 수 있어야 한다. 그리
고 매일 200만 부 이상 인쇄할 수 있는 인쇄능력을 가져야 한
다. 이는 기술과 설비 실력을 따지는 것이다.

⑤ 하루 발행 부수는 모든 신문과 잡지를 포함해서 60만 부 이상,
혹은 본 지방의 매 150명당 한 부의 신문이 배당되어야 한다.

그리고 순조로운 신문 발행을 담보할 수 있는 자체의 발행 네트웍을 가져야 한다110).

이상의 다섯 개의 조건이 구비된 신문사는 신문 집단의 설립을 신청할 수 있도록 하였다. 신문 집단을 꾸리는 것은 주로 여론 인도와 정보 전달에 주력하면서 신문, 잡지 등 출판물과 정보 산업과 관련된 경영에 주력하기 위함이다. 여기서 보다시피 초기 중국의 신문 집단은 강철, 화학, 제약 등 정보 산업과 큰 상관이 없는 기업을 꾸리는 데 주력하는 것은 아니다.

2. 중국신문 집단의 정치적인 규정

신문의 집단화는 신문 발전의 필연적인 추세이다. 세계 신문의 발전이 이를 증명한다. 중국 신문의 발진도 이 길을 설어야만 국내 경쟁뿐 아니라 국제 경쟁에도 참여할 수 있다. 그러나 중국 신문 집단은 맹목적으로 서방의 것을 답습해서는 안 된다. 중국의 신문 집단은 중국 특색이 있는 현대적인 사회주의 신문 집단이다. 중공중앙 정치국위원이며 중앙선전부장인 鄭關根은 다음과 같이 말했다. "신문 집단을 건설하는 것은 신문사업의 실력을 강화하고 국내외의 영향을 넓히는 것이다. 신문을 위주로 하고 신문을 근본으로 하고 신문사의 지도부 건설을 강화하는 것과 내부관리를 강화하는 것을 결합시켜야하며 指導性이 있고 점진적으로 건설하여야한다. 自願의 원칙을 견지하고 행정적인 명령을 하지 말아야한다."111) 신문 집단의 건설과 운영에 대해 중앙선전부 부부장인 徐光春은 구체적으로

---

110) 《全國首次報業集團問題研討會紀要》新聞出版署報紙管理司 1996.5
111) 新聞出版報 1998년 2월 24일자

다음과 같은 원칙을 제시하였다.

① 신문에 대한 당의 영도는 변할 수가 없다. 신문 집단의 영도체
   제에서 반드시 당의 영도를 강화해야 한다. 당의 영도를 약화
   시킬 수 없으며 더욱이 포기해서는 안 된다.
② 당보의 성질은 변할 수가 없다. 신문 집단이 어떤 정도로 발전
   하여도 당보이다.
③ 기본이론, 기본노선, 기본방침의 지도는 변할 수가 없다.
④ 정치가가 신문을 꾸려야 한다는 사상은 변할 수가 없다.
⑤ 당의 신문 공작의 기본원칙은 변할 수가 없다.
⑥ 세 가지 방향을 위해 복무하는 것은 변할 수가 없다. 즉 인민을
   위하여 복무하여야 하며 사회주의를 위하여 복무하여야 하며
   전당전국 사업의 大局을 위하여 복무하여야 하는 원칙을 견지
   하여야 한다.
⑦ 두 가지 效益을 통일하는 원칙을 변할 수가 없다. 사회효익과
   경제효익을 통일 시켜야 하고 사회효익을 위주로 하여야 한다.
⑧ 신문선전공작에서 집중통일의 지도원칙을 변할 수가 없다. 집
   단의 주요 영도자는 신문의 선전업무를 책임져야 한다.[112]

徐光春은 계속하여 신문 집단을 건설하는 것은 중국특색이 있고
사회주의적이며 현대적인 신문 집단이다 라고 하면서 중국 집단의
성격을 다음과 같이 규정했다.

① 국가 속성 : 중국의 신문 집단은 중국의 것이지, 외국의 것이
   아니다. 때문에 그 운영 방식은 반드시 중국의 실제에 부합되
   어야 하며 미국이나 일본 등 기타 국가의 구체적인 작법을 그

---

112) 中國報刊月報 1996年 8期, p.6

대로 따라 해서는 안 된다. 현재 신문 집단의 모델은 많다 우리는 반드시 자기의 길을 걸어야 한다.

② 정치 속성 : 중국의 신문 집단은 사회주의 신문 집단이지, 자본주의 신문 그룹이 아니다.

③ 시대성 : 중국의 신문 집단은 현대화적인 신문 집단이지, 과거 낡은 방식의 신문 집단이 아니다. 4-5개의 자매지를 갖고 있다 해서 신문 집단이라면 안 된다. 반드시 현대화 수단과 규모를 갖추어야 한다.

④ 산업 속성 : 신문 꾸리는 것을 주류로 하는 집단이지, 기타 산업을 위주로 하는 산업이 아니다. 新聞業은 기타의 기업과 다르다 엄격하게 말하면 우리나라에서 新聞業은 아직도 일종 사업으로 기업화 관리를 하고 있다. 그렇다고 하여서 신문이 세금을 바치는 대부호나 돈을 버는 기계로 보아서는 안 된다.기어코 돈을 얼마나 벌어야하고 어느 만큼의 경세석인 임무를 완성해야 한다는 지령을 하달해서는 안 된다. 때문에 두 가지면을 명확히 하여야 하는데 하나는 서방의 것을 그대로 답습해서는 안 되고 또 완전히 기업의 길을 걸을 수도 없는 것이다. 이것은 중국특색의 현대화 신문 집단을 건설하는데서 반드시 지켜야 할 기본 속성이다.113)

제일 처음으로 신문 집단을 건설한 廣東省 당위 선전부장 于幼軍은 신문 집단 건설에서 지켜야 할 원칙에서 다음과 같이 말하고 있다. "신문 집단은 우선 新聞業을 주체로 하고 기타 사업을 兼營하여야 한다. 이는 하나의 방향이고 원칙이다. 신문 집단은 일반 공상기업과 다르다. 사회주의 신문사업은 반드시 新聞業을 주체로 하

---

113) 徐光春, 中國報刊月報, 1996년 8월호 1998년 4월호.참조

어야한다. 다음으로 신문 집단은 모체신문을 잘 꾸려야 할뿐만 아니라 기타 子系統신문(자매지)도 잘 꾸려야 한다. 廣州日報신문 집단의 모체신문은 黨報이다. 반드시 黨報의 주도적인 작용을 충분히 발휘하여야 한다. 그 다음으로 모체신문의 주요한 기능 즉 당과 정부, 그리고 인민의 喉舌 역할을 견지하여야 한다. 정확한 여론의 향도를 가장 중요한 임무로 인식을 하여야 한다. 마지막으로 신문 집단의 소유한 모든 매체는 경제건설과 사회주의 정신문명건설을 위하여 복무하여야 한다."그는 계속하여 "신문 집단의 금후의 발전을 보면 국내에서 거대한 실력이 있어야 할뿐만 아니라 국제에서도 경쟁능력이 있어야한다. 신문 집단의 경영과 운영은 진일보 국제시장경제와 궤를 같이하는 문제에 대해 고려해야 한다."114)

중국 신문사업의 성질로 하여 중국의 신문 집단의 역할은 사회적인 효익이 우선일 수밖에 없다. 그 것은 신문 집단의 대부분의 모체신문이 당보라는 점에서도 엿볼 수가 있다. 신문 집단은 사회효익으로 경제효익을 촉진시키는 것이지 사회효익을 낮추거나 혹은 저속한 내용으로 경제적인 효익을 꾀하는 것은 안 되는 것이다. 동시에 신문 집단은 하나의 기업이기 때문에 경제적인 효익을 고려하지 않을 수가 없다. 그러나 신문 집단은 법에 따라 세금을 납부 할 뿐 많은 경제적인 의무를 감당하지는 않는다. 경영상의 수익은 대부분이 신문선전의 질을 보장하는데 쓰이는 것이다.

3. 廣州日報신문 집단과 기타 신문 집단

1996년 廣州日報 신문 집단이 처음으로 탄생되었다 신문 집단을 설립할 수 있는 다섯 개의 조건은 꽤 '까다로운 요구'이다. 그러나

---

114) 陸宏德 《新聞戰線 文萃. (理論卷)》 pp.332-333

이런 '까다로운 요구'에 부합되는 신문은 당시로서도 10여 개 있었다. 그러나 국가 유관 부분에서는 이런 신문이 전부 신문 집단을 꾸리도록 하지 않고 深圳를 개혁·개방의 시점으로 정하듯이 일부 당보를 시점으로 하려고 계획했다. 중앙에서는 성급 행정 단위 이하의 신문을 선택하고 시점으로 한 다음 다시 보급을 하려고 계획했다. 사실상 신문 집단의 탄생은 자유로운 시장경쟁의 산물이지만 중국의 신문 집단은 시장경제와 행정수단 개입의 산물이었다. 地區級(市) 당 기관지 가운데 이런 요구에 부합되는 실력이 있는 신문이 바로 廣東省 省府 廣州市 당위 기관지인 廣州日報였다. 1995년 당시 이 신문은 이미 다섯 개의 조건을 구비했다 당시의 廣州日報의 기본상황을 간단히 소개하면 다음과 같다.

① 廣州日報는 廣州市 공산당 기관지이고 당시에 20면으로 매일 60만 부 이상을 발간했다. 그리고 그 산하에 6개의 子系統 신문과 잡지를 발간했다. 그중 足球報는 전국 10여 개 도시에서 같은 날에 인쇄 발행한다.

② 廣州日報의 연평균 수입은 7억 위안이다. 광고수입만 4억 위안 이상이다.

③ 300여명의 편집인, 기자들 중 절반 이상이 중급직함을 가지고 있으며 그 중 중국의 최고 언론 상인 韜奮新聞賞, 范長江新聞賞을 수상한 유명한 기자나 편집인들도 있었다.

④ 인쇄공장은 당시 중국에서 가장 선진적인 설비가 갖추어 졌고 또 뉴스봉사중심, 정보자문중심, 광고공사, 부동산개발중심 등 여러 개의 전문성이 강한 경제실체를 가지고 있었다.

⑤ 廣州日報는 전부 자체발행을 실시했다. 신문잡지 발행공사는 400명의 전업배달원과 800여 곳의 판매점을 가지고 있었다. 그리고 60대의 전문발행을 책임진 차량을 배치시켰다.

　　1995년 12월 6일 廣東省 신문출판국에서는 국가신문 출판서에 《광주일보를 신문 집단으로 꾸리는 것에 대한 청구서》를 제출, 반복적인 조사와 학자들의 토론을 거쳐 1996년 1월 5일에 정식으로 비준되었다. 1996년 5월 29일 廣州日報신문 집단이 정식으로 출범하였다. 廣州日報는 廣州日報신문 집단의 發展思路를 "以報爲本, 依託集團, 優勢互補, 多元發展"으로 정하였다 1997년 한 해 동안만 해도 廣州日報는 총 생산치가 16억 원, 3.8억 위안의 순 이익을 얻었다. 그 중 광고수입은 6억 위안이고(당시 廣州市의 총 광고수입은 12.9억 위안임) 경영실체의 수입은 집단 총수입의 절반가량을 차지한다. 이리하여 현대화 신문 집단의 규모를 초보적으로 갖추고 경쟁 중에서 그 실력을 과시했다.

　　이는 중국에서 처음으로 신문 집단에 대해 탐색하고 실천한 것이다. 2년간의 시험 결과 신문 집단은 중국 시장경제에 적극적인 역할을 한다는 결론을 내렸다. 1998년 5월 18일, 廣東省에서는 南方日報신문 집단과 羊城晩報신문 집단을 동시에 설립하였다. 이리하여 廣東省에는 3개 신문 집단이 삼국정립(三國鼎立)을 이루고 치열한 경쟁을 하였다.

　　1998년 1월 국가 신문출판서에서는 '신문 출판업 2000년 및 2010년 발전 계획'에서 향후 2000년까지 5개 내지 10개 정도의 신문 집단을 비준할 계획이라고 발표했다. 이런 계획에 따라 1998년 6월 8일에는 北京에서 발행되는 두 개의 전국 신문인 經濟日報 신문 집단과 光明日報 신문 집단이 동시에 출범했다. 같은 해 7월 25일에는 上海 신문업계의 양 거두 文匯報와 新民晩報가 연합하여 文匯-新民晩報신문 집단을 출범시켰다. 상기의 신문들을 보면 서로 다양한 유형들의 신문들이다. 廣州日報는 市級 당위 기관지이고 南方日報는 省級 당보이고 羊城晩報은 市級 종합성 석간지이고 光明日報는 문화교육과학류의 전국지이고, 經濟日報는 전국성적인 경제전문지이고 文匯

報는 省級 문화교육성신문이고 新民晚報는 省級 종합성 석간지이다. 여기서 유관부문에서 신문 집단건립의 시험을 다차원으로 한 노력이 보인다. 특히 文匯報와 新民晚報은 중국에서 현존하는 신문 중에서 역사가 가장 오랜 신문의 하나며 현재 중국에서 유일하게 지위와 영향력이 비슷한 두 신문이 연합으로 신문 집단을 건설한 것이다. 신문 집단을 건립 할 때 두 신문사는 10종의 계열 신문과 1개 출판사를 가지고 있었으며, 총 발행부수는 250만 부 이상이고 고정 재산은 17.4억 위안에 달했다. 이와 같이 廣州, 上海, 北京 세 곳에서 대표적인 신문 집단이 출범하여 전국적으로 신문 집단 삼국정립이 형성되었다.

1999년 5월 중국 신문협회주석단과 書記處연석확대회의에서 "신문 집단은 마땅히 강대한 실력을 가지고 시장에 얼굴을 돌려야 하고 경쟁에 참여해야하고 규범화 된 경영과 과학적인 관리로 산업화 운영을 전면적으로 실행하여야한다."고 했다. 중국사회의 정치경제 발전을 살펴보면 모든 시험운행은 방향을 대표하며 시험이 성공한 후에는 곧 확대로 나아간다. 이는 이제 중국신문의 집단화 경향이 이미 이루어진 것을 말한다.

1999년 말, 중국 국가 신문출판서에서는 전국의 신문 구조를 조정하는 30호 문건 정신을 실시하는 한편 '신문 출판업 2000년 및 2010년 발전 계획'에 따라 深圳特區 報신문 집단(廣東省 深圳), 北京日報신문 집단(北京), 解放日報신문 집단(上海), 大衆日報신문 집단(山東省 濟南), 折江日報신문 집단(浙江省 杭州), 四川日報신문 집단(四川省 成都), 遼寧日報신문 집단(遼寧省 沈陽), 哈爾濱日報신문 집단(黑龍江省 哈爾濱), 沈陽日報신문 집단(遼寧省 沈陽)) 등 9개의 신문 집단을 허가하여 신문 집단의 수가 15개로 되었다.

廣州日報신문 집단이 1996년에 성립된 후 2002년에는 이미 38개의 신문 집단이 성립되었다. 상기의 신문 집단 외에 湖北日報, 雲南

日報, 新華日報, 重慶日報, 吉林日報, 長春日報, 河北日報, 湖南日報, 長沙日報, 杭州日報(이상 2001), 黑龍江日報, 安徽日報, 福建日報, 山西日報, 海南日報, 長江日報, 甘肅日報, 天津日報, 濟南日報, 成都日報, 靑島日報, 寧波日報(이상 2002)등이다. 이런 신문 집단들은 廣州, 上海, 北京, 哈爾濱, 沈陽, 長春, 重慶, 成都, 武漢, 杭州, 深圳, 鄭州, 石家庄, 濟南, 長沙, 合肥, 福州, 西安, 蘭州, 天津, 靑島, 寧波 등 전국의 대형 중심 도시에 분포되었다.

光明日報신문 집단과 經濟日報신문 집단, 羊城晚報신문 집단, 文匯-新民晚報신문 집단을 제외하고 전부 省 급, 혹은 市 級 지방의 黨委의 黨報를 중심으로 4개 이상의 신문을 소유하고 상관된 경제실체를 가진 신문 집단들이다. 신문 집단들은 자체의 우세를 발휘하여 구조를 조정하고 정보산업을 중심으로 하는 여러 가지 산업을 발전시키어 덩치를 키우고 실력을 강화하였다.

중국신문이 집단화 과정에서 한 개 중심도시에 두 개 이상의 신문 집단이 출현되어 치열한 경쟁을 벌리고 있다. 廣州에는 南方日報신문 집단, 廣州日報신문 집단, 羊城晚報신문 집단 등 3개 신문 집단이, 上海에는 文匯-新民신문 집단, 解放日報신문 집단이 北京에는 經濟日報신문 집단, 光明日報신문 집단, 北京日報신문 집단이 치열한 경쟁을 벌리고 있다. 廣州와 上海에는 人民日報의 華南版과 華東版이 발간되고 北京에는 人民日報 뿐만 아니라 中國靑年報 등 전국성적인 신문들이 많이 출판되어 그 경쟁은 대단히 치열하다. 그 외 長沙, 杭州, 長春, 沈陽, 哈爾濱, 武漢. 成都 濟南 등지에도 두 개 신문 집단이 서로 경쟁하고 있다. 하여 신문 집단은 이미 중국 신문시장에서 경쟁의 주체가 되었다. 현재 중국의 신문경쟁은 가격과 수량의 경쟁에서 점차 벗어나 자본, 규모, 구조, 효익, 인재, 브랜드 등 고차원의 경쟁으로 전이되고 있다(曺鵬 2002).

제2절 중국신문 집단의 관리체제

1. 중국신문 집단의 지도체제

중국 신문 집단의 내부 조직구성은 중국 신문의 성질과 관계가 있을뿐더러 동시에 신문사 현행 인사제도의 제약도 받고 있다. 1994년 6월 杭州회의에서 신문 집단을 건설하고 기업화, 집단화의 방향으로 발전을 하여야한다고 입을 모았다. 그리고 신문 집단이란 여론을 인도하고 정보를 전파하는 것을 목적으로 신문, 잡지 등 출판물의 출판과 발행행위를 경영주체로 하는 기업집단이라고 하였다. 때문에 집단의 명칭도 "XX일보신문 집단"이라고 하였다. 그러나 현실상황에서 현재 중국의 신문사는 사업단위이며 당의 선전 여론기관의 성격을 가지고 있다. 때문에 완전히 공상기업의 관리 체제를 도입할 수가 없다. 특히 당위의 당보는 그 사장과 총편집장은 상급당위의 임명을 받아야하지 이사회에서 결정을 내릴 수가 없다. 때문에 당시의 회의 참석자들은 신문 집단의 최고 영도 결책기구를 "XX일보신문 집단관리위원회"라고 부르고 집단책임제를 실향하는 것이 바람직하다고 하였다.

<그림 2> 중국 신문 집단의 일반적인 조직구조

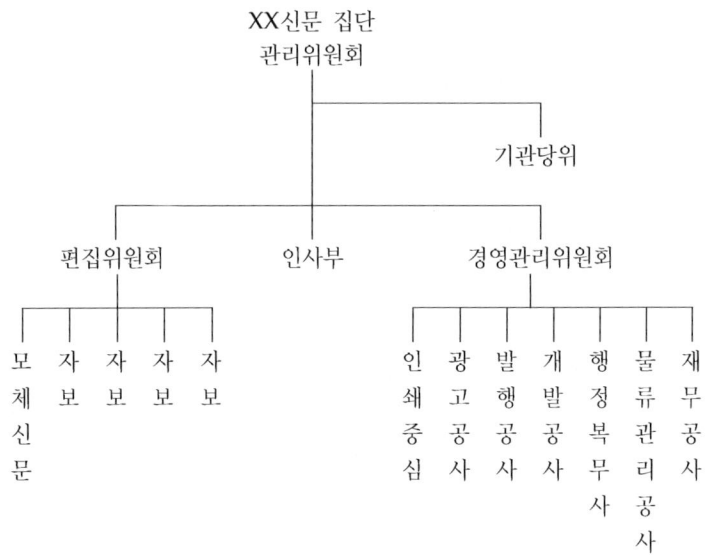

일반적으로 신문 집단의 관리위원회의는 두 개의 직능 부문을 설치한다. 하나는 편집위원회인데 신문의 업무, 즉 정확한 여론 인도와 편집, 기자들의 업무수행을 책임진다. 다른 하나는 경영관리위원회인데 집단 내부의 신문과 자매지들의 생산기술과 설비, 발행, 광고와 기타 경영관리의 업무를 책임진다. 현재 많은 신문 집단들이나 신문사들에서는 취재편집과 경영을 분리하고 있다. 집단은 핵심층, 긴밀층, 반긴밀층, 그리고 이완층으로 조성된다. 핵심층은 바로 집단의 모체인 모체신문사이다. 긴밀층은 모체신문사가 전액출자로 발간한 자매지나 기타 사업단위 혹은 모체신문이 상당한 지분으로 주권을 공제할 수가 있는 사업단위나 기업이다. 반긴밀층은 핵심 모체신문사와 기타 독립채산단위와 연합으로 꾸린 단위이고 이완층은 핵심모체신문과 직접적인 자산관계는 없지만 경영과 업무상에서 연합관계가 있거나 혹은 기타 긴밀층과 반긴밀층과 자산관계가 있는 단위를 말한다[115].

<그림 3> 기업집단구조: 동풍자동차의 예

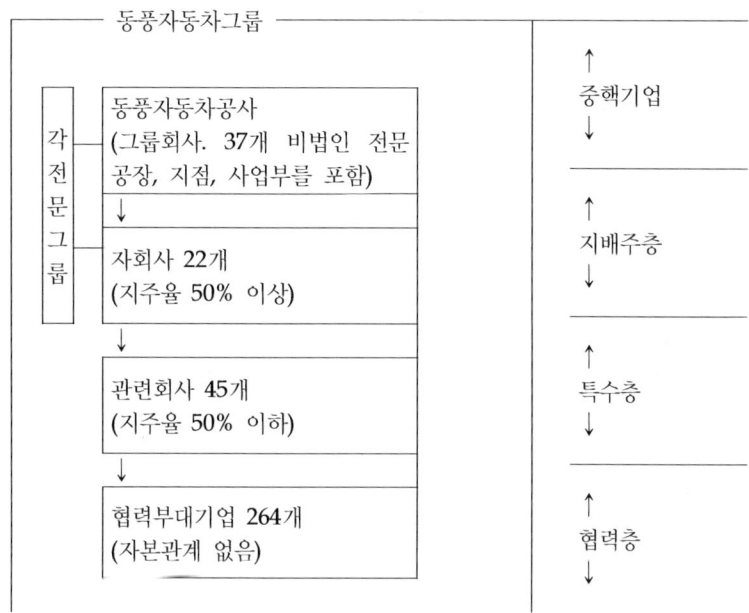

※ 출처: 나카가네 키츠지 저, 이일영 역,　중국경제발전론, 나남 2001
　 p.261 재인용

　廣州日報는 바로 이런 모델로 내부 조직을 구성하였다. 원래 廣
州日報는 편집위원회의 영도아래 총편집장 책임제를 실시하였다. 9
명의 지도부 구성원 중에서 한 명만 경영관리를 책임지었다. 그러나
신문 집단을 구성한 후 지도체제는 사무위원회의 영도아래 사장책임
제를 실시하였다. 신임지도부의 9명 구성원 중에서 경영관리 책임
자를 증가시켜 신문 집단의 신속한 발전에 부응하게 하였다.116)
　南方日報신문 집단은 지도체제상에서 민주집중제 원칙을 견지하

115) 《新聞與傳播》, (中國人民大學復印資料中心, 2001,3), p.77
116) "廣州日報報業集團" 新聞戰線 1998년 4기 참조

면서 신문사위원회와 이사회가 신문 집단의 決策中心으로 삼고 그 아래 편집위원회와 경제위원회를 두었다. 편집위원회는 집단 내의 여러 가지 신문들을 잘 꾸리는 것을 책임지고 경제공작위원회는 집단내의 경영활동을 책임지었다.

文匯-新民연합신문 집단이 설립된 후 두 개의 실력이 비슷한 신문사가 연합으로 이루어져 처음부터 주목을 받았다. 文匯-新民연합신문 집단은 당위의 집단영도 하에서 사장책임제를 실시하였다. 당위는 7명으로 구성되었는데 서기 1명, 부 서기 2명, 당 위원이 4명이다. 당위 서기가 사장을 겸하고 한 명의 당위 부 서기가 부사장을 겸하고 있다. 두 신문사의 총 편집장이 각각 1명, 기율검사 서기가 1명이다. 집단 내에는 3室1處를 설치하였는데 선전판공실, 당정판공실, 경영판공실, 조직인사처이다. 경영판공실에는 광고 중심, 발행 중심, 印務(인쇄서비스)중심, 물자공급중심, 재무결산중심, 자산경영 중심, 물자관리중심, 제3산업회사 등이다

집단의 지도자들은 임명제를 실시했다. 즉 上海市 黨委에서 임명을 하고 임기는 4년이다. 집단내의 중층간부는 招聘制를 실시하고 집단에서 책임지고 초빙하고 임기는 2년이다. 집단내의 임직원은 전원 계약제를 실시하고 종신제를 타파하고 경쟁을 강화하였다. 집단의 經營思路는 다음과 같다. 원 두 신문의 편집부는 독립적으로 신문을 꾸리고 경비는 집단에서 지급한다. 예산 제를 실행하고 총편집장이 일정한 재정권한을 가진다. 편집부는 광고와 발행 등 경영사업에 참가하지 않고 집단에서는 편집부에 어떤 요구를 제기하지 않고 자금과 지면을 제공한다. 편집부는 모든 정력을 기울려 신문을 꾸리면 되는 것이다. 경영판공실은 두 신문의 경영활동을 집중하여 통일적으로 관리한다. 이리하여 "集團統一經營, 嚴格成本核算, 管理 講究效率, 經營追求效益"을 실시하는 것이다.117)

<그림 4> 文匯-新民신문 집단 조직구성

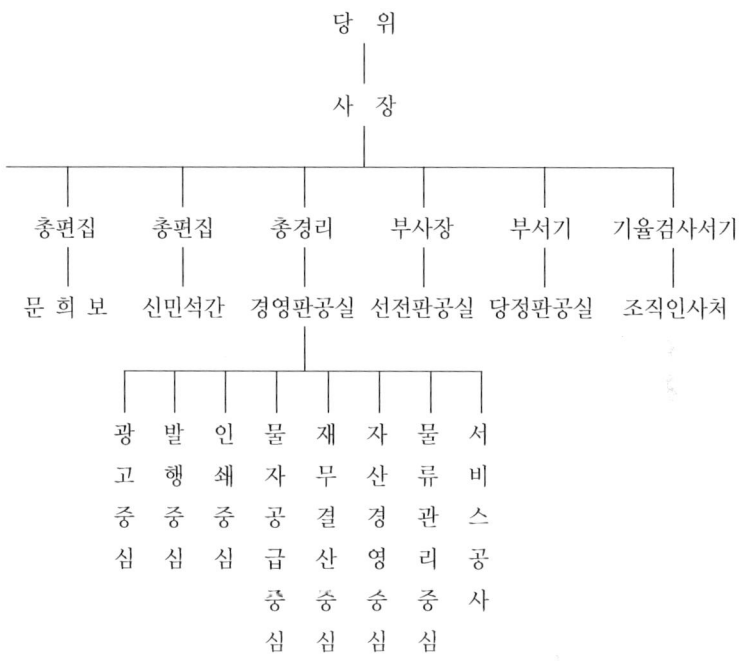

2. 소유 형태

중국신문 집단의 소유형태는 주로 아래와 같은 세 가지 영역에서
표현된다.

우선 신문사 자체의 소유 형태는 국가 소유이다. 현재 중국의 신
문사는 中央級이든 省, 市, 縣級 당위의 기관지든 정부 및 기타 부
문의 꾸리는 신문이든 각 정당과 단체가 꾸리는 신문이든 모두 국
유자산이다.

다음으로 인쇄, 발행, 광고 등 신문사 경제실체에 대한 소유제 역

117) 顧行偉, "盤活有量資産 拓展資本運作" 新聞戰線 2001年 3期 참조

시 국유제가 위주이다. 현재 대부분 신문사의 인쇄, 발행, 광고는 의
연히 신문사 내부의 한 부문으로 존재하면서 신문사 내부의 2급 핵
산단위이다. 그 자산은 국유, 혹은 공유제의 형태이다. 일부 경영개혁
에 앞장 선 신문사에서는 인쇄, 발행, 광고 등 계통은 유한책임회사
혹은 주식제 유한회사 형식을 취하고 독립법인으로 존재한다. 이런
회사는 대부분이 신문사가 독자적인 출자가 아니면 주식을 공제한다.
  마지막으로 신문사가 다각경영 중에서 일부 경제실체에 대한 소유
제이다. 이 부분 산업의 소유제 구조는 비교적 다양하고 복잡하다.
어떤 기업은 대부분이 법인주식으로 신문사가 전액 투자하거나 주식
을 공제하거나 주식에 참여한다. 어떤 것은 기업전부가 자연주식인데
다수상황은 신문사 직원 전원이 주권을 사거나 부분적으로 주식을
산다. 어떤 것은 법인주식과 자연주식의 혼합형이다. 이런 경우에는
신문사의 법인주식이 있을 뿐만 아니라 사외의 법인 주식이 있으며
신문사가 주권을 공제하거나 혹은 공제하지 않는 경우도 있다[118].

3. 인사제도

현재 중국의 신문사 인사제도는 다섯 가지가 있다.
① 기관형: 직원들은 신문사의 정식 임원들이다. 이들은 직무상에
   서 정부의 행정 급별이 적용된다. 국가의 통일적인 職衛평의
   에 참가하며 노임 대우는 정부 인사부분에서 규정된 대우가
   적용되며 인원의 입사와 퇴사는 조직인사부분의 인가를 받아
   야 한다.
② 기업형: 직원들은 신문사가 인재시장에서 선발하고 초빙하며
   직무, 직함 노임 대우는 신문사가 자주적으로 결정하며 직원

---

118) 王建男. 《黨報資本論》. (哈爾濱出版社 2001), p.111

의 해임도 신문사가 자주적으로 실행한다. 이런 제도는 주로
새로 창간한 신문이나 신입 사원들에게 적용 된다.

③ 전원초빙제: 직원의 직무 직함, 노임 대우 등은 신문사가 직원
의 능력과 공헌에 따라 1년 혹은 몇 년에 한번씩 임용하는 방
식을 실시한다. 이런 인사제도는 직원들의 잠재력을 발굴하고
적극성을 발휘하도록 하며 신문사의 발전에 유리하다. 현재 대
부분 신문사에서 이런 제도를 채용하고 있다.

④ 초빙계약제. 신문사의 직원들은 3년 혹은 5년을 계약한다. 신
문사내의 각 신문, 경제실체에서 임원을 임용하여 그 대우를
각 신문사 혹은 경제실체에서 정하도록 한다.

⑤ 인사대리제 임원의 인사보관서류, 행정관계, 노임관계, 등을 전부
당지 정부의 인재교류시장에서 관리하게 한다. 신문사에서는 매
년 관리비용을 제공한다. 채용된 임원들에게 적용되는 노임, 의
료보험 대우는 신문사가 내규에 의해 징해진다. 정식 임직원들과
동동한 대우나 혹은 특수한 대우를 실시하기도 한다119).

4. 취재편집제도

각 신문사에서는 완전히 정부직능 부문과 일치한 각 部와 室을
취재와 편집의 合一과, 취재와 편집의 분리방식을 취하여 편집부내
부기구를 조정하였다. 合爾濱日報를 예로 한다면 원래의 공업교통
부, 농업부, 재정무역부를 합병하여 경제부로 고치고 취재와 편집을
분리시켰다. 그리고 경제 분야의 보도를 책임지게 한다. 정치문화부
와 과학 교육부를 합병하여 정치교육부로 고치고 취재와 편집을 분
리시키고 상층건축영역에 대한 보도를 책임지게 한다. 사회생활을

---

119) 王建男. 상게서 pp.111-112

대상으로 한 綜合部署인 社會時空편집실을 신설하여 편집실에서
여러 가지 사회보도를 책임지고 취재와 편집을 맡게 한다. 부간, 시
사, 문화 체육 등 분야의 편집실도 취재와 편집의 합일하는 편집실
제로 한다.

편집위원회에서 년도, 월분 보도계획을 제정하고 각 신문의 총편
집장이 매주 보도계획회의와 실시를 책임지고 보도중점계획안을 확
정한다. 각 편집실 주임이 매일 편집 전 회의를 하고 지면배치와 중
점보도를 계획 한다120).

제3절 중국신문 집단의 경영방식

1. 중국신문 집단의 언론경영-당 기관지와 그 자매지

중국신문 집단은 일반적으로 "母子式"혹은 "兼倂式"으로 형성,
발전했다. 즉 실력이 있는 신문이 子系統의 신문, 잡지를 발간하거
나 혹은 다른 신문이나 잡지를 인수하여 발간하거나 연합하여 신문
집단을 이른다. 최초의 廣州日報 신문 집단도 市 黨委기관지 廣州
日報 외에 선후로 球報足, 廣州文摘報, 交通旅遊報, 現代育兒報,
老人報, 嶺南少年報 등과 같은 자계통의 신문을 발간했다. 중요한
중국신문 집단의 명칭과 소재도시 및 자매지구성은 다음과 같다.

(1) 廣州日報신문 집단(廣州): 廣州日報, 信息時報, 英文早報, 嶺
    南少年, 足球報, 南北窓, 新現代畵報, 現代育兒報, 嬴週刊
(2) 南方日報신문 집단(廣州): 南方日報, 南方週末, 南方都市報,

---

120) 王建男. 위의 책 p.112

21世紀經濟報道, 南方體育, 南方農村, 花鳥世界, 城市畵報

(3) 羊城晚報신문 집단(廣州) 羊城晚報, 新快報, 羊城體育, 新聞週刊, 粤港信息日報, 廣東建設報

(4) 經濟日報신문 집단(北京): 經濟日報, 中國化工報, 中國建材報, 證券日報, 中國紡織報, 中國花莽報, 中國農機械化報, 北京足球報, 名牌時報, 中國服飾報, 中國企業家, 中國經濟信息, 經濟月刊, 經濟日報出版社,

(5) 光明日報신문 집단(北京): 光明日報, 生活時報, 中華讀書報, 文摘報, 書摘, 博覽群書, 考試, 老人天地, 光明出版社

(6) 北京日報신문 집단(北京): 北京日報, 北京晚報, 北京晨報, 京郊日報, 北京經濟報, 北京社會報, 首都建設報, 宣傳手冊, 新聞與寫作, 同心出版社

(7) 解放日報신문 집단(上海) 解放日報, 新聞晨報, 新聞午報, 新聞晚報, 申江服務導報, 上海小說, 報刊文摘, 民主與法制時報, 全球論壇, I時代, 房地産時報, 新上海人, 支部生活

(8) 文匯-新民聯合신문 집단(上海): 文匯報, 新民晚報, 文匯讀書報, 新民體育報, 新民圍棋, 電影時報, 新聞記者, 萌芽, 漫畵世界, 上海星期三, SHANGHAIDAILY,

(9) 深圳特區報신문 집단(深圳): 深圳特區報, SHENZHENDAILY, 品報, 香港商報, 深圳週刊, 深圳少年報, 汽車導報,

(10) 重慶日報신문 집단(重慶): 重慶日報, 重慶晨報, 重慶晚報, 重慶經濟報, 體育報, 消費導報, 健康人生, 新女報,

(11) 大衆日報신문 집단(濟南): 大衆日報, 農村大衆, 濟魯晚報, 生活日報, 魯中晨報, 半島都市報, 經濟導報, 大衆電腦報, 靑年記者, 小記者, 國際日報山東專版,

(12) 浙江日報신문 집단(抗州) 浙江日報, 錢江晚報, 今日早報, 美術報, 家庭敎育導報, 新聞實踐, 折江老年報, 經濟生活

報, 錢江週末,

(13) 抗州日報신문 집단(抗州): 抗州日報, 都市快報, 抗州日報下午版, 衆安週報, 今日靑年

(14) 四川日報신문 집단(成都): 四川日報, 四川農村日報, 文摘週報, 華西都市報, 天府早報, 新經濟時報, 四川金融投資報, 家庭與生活報, 都市購物導報, 四川質量報, 21世紀體育報

(15) 湖北日報신문 집단(武漢): 湖北日報, 楚天都市報, 楚天金報, 체육주보, 農村新報, 新聞前哨

(16) 武漢日報신문 집단(武漢): 長江日報, 武漢晨報, 現代健康報, 每週證券, 旅遊週刊, 江花, 黃鶴樓

(17) 湖南日報신문 집단(長沙): 湖南日報, 三湘都市報, 家庭導報, 文萃, 現代消費報, 大衆衛生報,

(18) 長沙晩報신문 집단(長沙): 長沙晩報, 東方新報, 軍事博覽報, 中小學音樂報, 創作

(19) 河南日報신문 집단(鄭州): 河南日報, 大河報, 河南農村報, 城市早報, 漫畵月刊, 河南法制報, 焦作日報, 三門峽日報,

(20) 河北日報신문 집단(石家庄): 河北日報, 燕趙都市報, 河北商報, 河北農民報, 書刊報, 雜文報, 采寫編

(21) 遼寧日報신문 집단(沈陽): 遼寧日報, 遼沈晩報, 半島晨報, 北方晨報, 球報, 遼寧農民報, 遼寧朝鮮文報, 遼寧日報海外版, 家庭科學, 記者搖籃, 市場與消費,

(22) 沈陽日報신문 집단(沈陽): 沈陽日報, 沈陽晩報, 都市家庭報, 大衆生活, 靑年科學, 晩晴報, 衛生與生活, 都市靑年報, 人生十六七,

(23) 哈爾濱日報신문 집단(哈爾濱), 哈爾濱日報, 新晩報, 都市資迅報, 科學發現報, 家報, 寫字樓

(24) 黑龍江日報신문 집단(哈爾濱): 黑龍江日報, 生活報, 新都市

報, 老年報, 農村報, 家庭保健報, 黑龍江經濟報, 讀者新報,
今天消費, 大衆軍事報, 活力雜誌,

(25) 吉林日報신문 집단(長春): 吉林日報, 吉林朝鮮文報, 城市晚
報, 文摘旬刊, 關東週報

(26) 長春日報신문 집단(長春): 長春日報, 長春晚報, 長春商報,
影視圖書周報, 學生導刊

위에서 보다시피 중국의 신문 집단은 文匯-新民聯合신문 집단만
이 규모가 비슷한 두 신문사의 연합으로 이루어지고 나머지는 하나
의 당보를 중심으로 몇 개의 子報(자매지)로 이루어졌다. 이런 자매
지들은 당보에서 발간한 都市報, 혹은 석간지가 아니면 1999년 언론
통폐합정책(30호 문건)에 의해 합병된 정부부처의 각 廳, 局, 部, 委
에서 발간하는 신문과 잡지들이다. 신문 집단에서는 모체신문인 당보
와 자매지가 서로 협동하고 역할 분담을 명확히 하기 위해 각 신문
의 목표시장을 조정하고 중복을 회피하여 정체적인 경쟁력을 높이려
고 한다. 예를 들면 南方日報신문 집단의 주체 구조는 다음과 같다.

南方日報 -- 성급 당보로서 각급 행정 간부들과 기업관리인원, 중
년지식층을 주 독자로 한다.

南方都市報 -- 도시보로서 도시 시민을 대상으로 한다.

南方週末- - 시사성주간지로서 중, 청년 지식층과 화이트칼라들을
상대로 한다.

南方體育 -- 스포츠 전문지

21世紀經濟報道 -- 경제전문지로서 기업관리인원과 지식인을 대
상으로 한다.

현재 중국 신문의 종합일간지는 대부분이 당보이기 때문에 당보
는 중국 일간지의 주류신문이다. 중국의 신문 집단은 당보를 중심으
로 하였기 때문에 당보는 신문 집단의 핵심이다. 당보는 대중지가

아니기 때문에 내용과 풍격면에서 엄숙성을 기하면서 선전과 사회여론향도에 중심을 둔다. 당보는 계획과 시장의 결합으로 운영된다. 그러나 석간지나 도시 신문은 선전의 임무가 적고 서비스, 문화 생활 레이저, 오락을 위주로 하기 때문에 대부분 시장의 원리에 의해 운영된다.

2. 중국 신문 집단의 다각경영 형태

1) 광 고

90년대 이후 신문사의 광고영업의 상승과 더불어 그리고 광고대리제의 보급과 더불어 각 신문사들은 광고경영관리에 더욱 신경을 쓰게 되었다.

하나는 신문사가 경영하고 통일적으로 관리를 하는 방법이다. 즉 신문사에 단일한 광고경영관리기구(廣告處)를 설치하고 각 신문사(신문 집단 내의 모든 신문과 잡지)에 통일적인 광고가격을 정하고 통일적으로 책임지고 광고를 제작하기도 한다. 광고의 경영과 관리를 책임지는 것이다.

다른 하나는 신문사가 소유한 각 신문의 편집부들에서 독립적으로 자체의 광고경영관리업무를 책임지는 방법이다.

마지막으로 통일관리, 분산경영의 방식이다. 즉 신문사가 광고관리처를 설립하고 각 신문의 광고의 관리와 감독을 책임지고 각 신문의 광고경영부문에서 구체적인 광고 업무를 책임진다.[121]

2) 인쇄와 발행.

신문의 발행방식은 다음과 같다.

---

121) 王建男. 상게서 p.113

하나는 여전히 우체국 발행이다. 중앙지들은(인민일보, 광명일보, 경제일보 등) 원 중앙 각 부서의 소속된 신문, 성 당위 성 정부 기관지들은 전국을 대상으로 하거나 省을 대상을 하기 때문에 기본적으로 이런 방식을 취하고 있다.

다른 하나는 자체 발행인 것이다. 즉 신문사에서 자체적으로 자금과 인력을 모집하여 꾸린 신문들의 발행은 자체발행을 택한다. 시효성을 강구하고 독자들이 수요를 만족시키고 신문의 영향력과 서비스를 높이기 위해 많은 신문들은 자체발행을 한다.

다른 하나는 신문사와 우체국의 연합형식이다. 일부 성급 신문들이나 도시 신문들은 소재지 내에서 자체발행을 실시하고 기타 지구에는 우체국 발행을 실시한다.

마지막으로 네트워크 발행이다. 신문사는 본지에서 자체발행을 하고 기타 지구에서는 다른 신문사들의 발행 공사에 책임지게 한다.

인쇄경영은 주로 3가지 방법이 있다. 우선 신문사의 직속 인쇄공장이다. 인쇄공장은 신문사의 2급 핵산단위로 존재하며 그 자체가 신문사의 하나의 내부 부서로서 독립적인 법인을 가지 지 못한다. 사실상 상대적으로 독립된 경제실체이다.

다음으로 신문사 자체가 인쇄공장이 없고 다른 인쇄공장에 위탁하여 대리 인쇄를 한다. 현재 많은 중, 소형 신문사들에서는 이런 방식을 취하고 있다. 또 전국적으로 발행하는 대형신문들도 각 지에 대리 인쇄를 한다.

마지막으로 독립법인의 자격을 가진 주식인쇄회사이다. 신문사는 일반적으로 주식을 통제하는 방식으로 인쇄회사를 경영한다.122)

---

122) 王建男, 상게서 pp.113-114

3) 기타 경영

신문 집단들이 성립된 후 시장의 요구에 따라 적극적으로 신문 내부구조와 경제실체를 조정하고 새로운 경제성장점을 배양하였다. 많은 신문 집단들에서는 "신문을 잘 꾸리는 것으로 발전하고, 수입은 산업에 의거한다."는 인식을 가지였다.123)

羊城晩報는 신문 집단이 형성된 후 6종의 자매지와 하나의 출판사, 22개의 회사를 가지고 있었다. 2000년 5월, 광주 화학섬유공장을 인수, 그 해 7월에는 홍콩과 합자한 소속회사의 70%의 주식으로 홍콩의 tom.com회사의 2.36억 위안의 자산을 바꾸었다. 현재 집단의 총 자산액은(99년 현재) 11억 위안, 재무상에서도 신용등급 AAA를 평가받고 있다. 深圳特區報신문 집단에서는 신문사의 경영을 잘 하는 한편 다각경영을 한다. 선후로 인쇄회사, 신문클럽, 헬스클럽, 물류공급회사, 체인점, 여행사, 부동산 등 회사를 운영하고 있다. 廣州日報는 금융, 부동산, 상업 등 여러 분야에서 경영활동을 하고 있다. 廣州日報는 廣州日報체인점을 꾸리여 신문사에서 생산된 산품과 서비스로 사회에 봉사하고 또 최신 정보를 수집하여 신문 집단에 반영하는 역할을 한다. 현재 이런 체인점은 300여 개나 되는데 그 수입만으로도 1억 위안이 된다.124) 廣州日報 체인점은 외국의 신문전문판매점을 모델로 한 것이다. 체인점의 경영활동은 다음과 같다.

① 廣州日報와 그 자매지들을 판매 할 뿐만 아니라 발행처와 연합하여 주문을 받을 수가 있다. 뿐만 아니라 무료로 求職廣場을 받아 볼 수가 있다. (1997년에는 체인점으로 하여 하루에 신문을 7만 부를 판매)

---

123) 《新聞與傳播》, (중국인민대학자료중심 2001년 5월호), p.3

124) 畢一鳴. "關於新聞傳媒集團的調査報告". 中國廣播電視學刊 2001年 6期 p.24

② 도서는 체인점의 주요한 판매품종이다. 체인점의 분포는 이미 신화서점의 분포를 초과, 또 신간도서와 유행서적들을 팔고 있다. 뿐만 아니라 문화용품, 음반제품, 생활용품들도 판매 한다.

③ 廣州日報의 분류광고를 대리한다.(한달 광고 액은 대략 2-300만 위안이다. 이는 일부 성 소재지의 기관지의 광고 액과 비슷하다.

④ 명함, 광고전단지 등 인쇄를 대리하거나 비행기표 기차표 등을 대리판매하고 ,호텔, 여행서비스를 제공 한다

⑤ 문화강좌와 기타 수련행사를 진행 한다.

廣州日報나 그 자매지들은 廣州日報체인점 광고를 하는데 이것은 廣州日報가 체인점에 대한 투자로 정해지었다. 즉 광고 처에서는 지면의 여유가 있으면 우선적으로 廣州日報체인점을 광고한다. 廣州日報체인점은 신문, 잡지, 서적 등 문화용품을 위주로 하는 대형 체인상업기구로 변하여 상업이 발달한 대도시인 廣州의 하나의 풍경으로 되었다.

중국 신문 집단들의 경영활동을 살펴보면 우선 신문과 관련 된 경제적인 활동이다. 예를 들면 자매지를 비롯한 출판사, 광고, 발행, 인쇄공장, 정보서비스 등이다 이런 것들이 발전하면서 기타 신문사들을 겸병하기도 한다. 新民晩報는 新民體育을, 新民圍棋(바둑)는 體育導報와 圍棋(바둑)잡지를 인수, 합병시킨 것이다. 다른 하나는 경제생활의 여러 영역으로 발전한 것이다. 어떤 신문 집단들은 신문 업과 관여되지 않는 업종을 경영한다. 南方日報는 세멘트공장, 밀가루공장, 빵공장들을 운영하기도 한다. 1993년에 解放日報는 타 업종인 상해 36방직공장을 인수했다. 深圳特區報는 출판, 발행, 인쇄, 광고, 정보자문, 번역, 무역 등 경영계열로 深圳特區報企業發展總公司를 설립하였다. 일부 신문들은 자신의 독특한 브랜드를 창출하고 또 그것을 경영하기 시작하였다. 新民-文匯신문 집단의 자매지

上海星期三은 2001년 12월에 江蘇省의 楊州市와 함께 楊州星期
三을 꾸리였다. 楊州星期三은 24면으로 구성, 그중 12면은 上海星
期三내용을 유상으로 편집할 수가 있다. 이는 신문의 브랜드 합작이
다. 이외 신문은 수요일극장, 수요일독자구락부, 수요일셔츠 등 다양
한 활동으로 신문의 브랜드위상을 높여갔다.125)

또 신문이념(사시社示)를 독자들에게 알리어 자기만의 특색을 고
집하여 독자를 확보하기도 한다. 1999년 4월19일 廣州日報는 신문
의 제호 옆에 "제일 훌륭한 신문을 추구한다."는 사시를 썼다. 2000
년 5월 17일 上海星期三은 "새로운 도시생활개념, 새로운 廣告傳
播방식"으로 사시를 달았다. 사실상 100여 년 전을 거슬러 올라가
면 뉴욕타임지가 선언형식으로 공포한 "불편불당, 객관공정"등 신
문의 원칙에 따라 무엇이나 다 게재하는 신문임을 표방한 것과 다
름이 없다. 현재 중국신문들이 무질서한 경쟁을 하지만 많은 우수한
신문들은 브랜드의 품격을 높이기에 힘쓰고 있다. 그 핵심의 하나가
사시인 것이다. 신문이념은 신문자체의 가치취향을 체현하여 자기의
개성과 독특성을 독자들에게 알린다. 아래 몇 개의 신문사시를 보기
로 한다.

北京靑年報 - "有新聞的地方就有我們(뉴스가 있는 곳에는 우리
　　　　　　　가 있다.)"
南方都市報 - "新聞爲矛(뉴스로 성공한다)"
新週刊 - "就是爲了新一点(더욱 새롭게 태여 나기 위해서이다.)"
新民晩報 - "飛入平常百姓家(평범한 백성들의 가정으로)"
華西都市報 - "市民的公僕(시민의 공복)"
燕趙都市報 - "爲市井人家辦報,讓平民百姓愛讀(시민을 위해 신

---

125) 中國報業, (中國報業協會, 2002. 9), p.20

문을 꾸리여 평민백성들이 애독하게 한다.)"

楚天都市報 - "幇市民之所需, 解市民之所難(시민의 요구와 어
려움을 도와주고 해결해 준다.)"

大河報 - "采繽紛天下事,入平常百姓家(천태만상의 사건들을 백
성들에게 알린다.)"

服務導報 - "小報紙, 大實話(작은 신문이지만 진실을 말한다.)"126)

물론 이런 사시는 반드시 신문의 제호와 함께 쓰이는 것이 아니
지만 신문이 사회에 대한 정중한 승낙이고 또 신문의 사회형상의
중요한 징표이다. 때문에 독자들에게 감지되면 상당한 친화력과 공
신력이 생긴다.

상기 한 것을 종합하면 중국신문은 최초의 수평적인 집중으로부
터 다각경영을 통하여 점차 대각선집중으로 변화하고 있으며 또 그
경영 형태는 더욱 다양화되고 있음을 알 수 있나.

3. 중국신문 집단의 자본운영

자본의 운영이란 일종 경영수단이다. 거시적인 시각으로 보면 경
제실체가 갖고 있는 여러 가지 사회자원, 여러 가지 생산요소들을
모두 경영가치의 자본으로 볼 수가 있다. 이런 것들이 유통, 겸병,
재구성, 주식참여, 주식통제, 교역, 양도, 임대 등 여러 가지 도경을
통해 최대한으로 자산증식을 이루는 것을 말한다. 신문매체는 실제
상에서 여러 가지 생산요소로 구성된 정치적인 속성이 있는 경제실
체이다. 신문매체가 소유하고 있는 유형자산과 무형자산은 모두 자
본으로 볼 수가 있다127).

---

126) 《新聞與傳播》, (中國人民大學資料中心, 2001, 1) p.75
127) 《新聞與傳播》, (中國人民大學資料中心, 2001, 4), p.34

1) 자본운영의 배경 - WTO와 문화경쟁

중국이 WTO 가입 후 중국 매체는 여러 가지 직접, 간접적인 영향을 받는다. 물론 발전도상국가의 특별한 대우의 조건에 따라 중국의 민감한 산업, 약세인 산업인 매체산업은 일정기간 보호를 받을 수가 있지만 자아보호를 받는 기간은 5-8년 제일 길어야 10년이다. 사실상 정부는 중국 매체산업의 허약성을 알고 국제경쟁에 대비하여 집중적으로 육성하는 정책을 펴고 있다. 국가에서는 1996년에 신문, 잡지, 방송을 제3산업으로 편성하고 이 분야를 발전시킬 것을 요구했다. 1996년 江澤民은 人民日報社를 시찰 할 때 "과거 우리는 매체에 대해 선전만 강조하였다. 현재 사회주의 시장경제의 조건하에서 매체는 선전뿐만 아니라 경영도 잘 하여야 한다."고 말했다. 중국 공산당 14기 6차회에서는 사회주의 시장경제의 수요에 적응하기 위해서 규모와 효익이 있는 자본집중기제를 건립하여 점차적으로 정신문명건설에 대한 다 경로의 투자제도를 형성하여야 한다라고 강조하였다.

매체산업은 거대한 이윤을 얻을 수가 있는 산업이다.(미국의 한 투자회사의 조사에 의하면 매체산업이 굴지의 산업으로 변할 수가 있는 기간은 대략 8년 이는 의약, 일상소비품, 은행, 전력, 건축업보다도 시간이 짧다 고한다.) 그러나 국외의 매체산업은 다년간의 개발과 확대로 포화상태에 이르러 국외로 눈길을 돌리고 있다. 중국의 매체산업은 90년대 이후부터 광고수입의 연평균 증가율은 국민생산총액의 증장률 속도보다 높지만 광고총액은 국민총생산수치의 1%도 미치지 못한다. 일반적으로 발달한 국가의 광고수입은 국민총생산수치의 2%좌우에 비하면 중국은 거대한 매체시장을 가지고 있다. 그리하여 일부 외국의 미디어기업은 중국의 매체시장에 진출하려고 노력해왔다. 국제미디어집단은 20세기 70년대 말, 80년대 초에 벌써 중국 전업기술지 시장에 진출하였다. 여러 나라에서 270개의 전업출판물을 가지고 있는 國際數据公司(IDG)는 중국과 합작하여 12개

의 간행물을 출판하고 있다. 그 중에서 計算機世界報가 제일 유명
하다. 미국의 商業週刊, 時代 등 세계 유명 잡지들도 판권무역으로
중국 시장에 진입하였다. 1999년 미국의 財富(포춘)지는 上海에서
전지구 논단을 거행하는 조건으로 中文版 발행권을 취득하였다. 동
시에 다국적 미디어집단과 국제상업자본이 중국의 매체시장에 진입
하였다. 독일의 다국적 출판집단인 베타스만(음역) 다국적 집단은
1995년 상해에 진출하여 전국적인 독서클럽을 꾸리고 또 도서 신문
잡지유통과 소매업을 하였다. 다국적인 광고회사도 합자형식으로 국
내의 대형광고회사를 공제하고 중국의 광고시장에 진입하였다. 이밖
에 중국 영공에는 위성으로 발사하는 200여 개의 외국 TV수신 신
호 중에서 30개의 중문채널이 있다. 다만 행정명령으로 수신이 금지
되었지만 위성안테나가 날로 소형화되고 또 가격이 저렴하여 가정에
서 자체로 시청하는 것은 규제할 방법이 없는 것이다. 또 국외의 라
디오 방송, 예 하면 미국의 목소리, BBC, 프랑스방송 등은 이미 중
국에서 자리를 잡고 있다. 홍콩의 陽光유선방송 등은 廣東省지구에
이미 허가를 받았다. 그리고 대량의 네드워크를 통한 정보와 국외
음반제품들은 끊임없이 중국 시장으로 몰려오고 있다.

　서방의 발달한 국가와 세계의 거대한 미디어기업들의 여론패권과
문화침투에 비해 중국의 매체는 너무나도 빈약한 상황이다. 1999년
중국매체의 총 광고수입은 289.85억 위안인데 반해 미국의 뉴욕시보
일년간 광고수입이 60억 달러(대략 480억 위안)에 이른다. 영국의 國
際電視業務지의 발표에 따르면 세계 100대 텔레비죤방송국 순위에
는 중국CCTV가 57위였다. 그러나 20위에 이른 이딸리아의 媒體設
備公司의 그 해의 수입이 18.42억 달러(대략 147억 위안) 인데 중국
CCTV는 4.95억 달러(39억 위안) 즉 4배에 가깝다. 新華社와 AP,
로이터 등 세계의 통신사와 비교하여도 큰 차이가 있다. 新華社의
5000여 개의 사용호 중에서 국외에는 100개 밖에 없지만 다른 통신

사들은 국외 사용호가 1500개나 된다. 주류매체인 黨報는 대부분
(95%)가 관, 공비에 의해 열독이 되며 발행부수도 감소추세이다. 가
장 영향력이 있는 人民日報도 발행부수가 200만 부 좌우이다.

2) 자본운영의 기본현황

중국 신문매체의 경영활동의 인식과 실천은 점차 심화하는 과정
이다. 자본운영의 시각에서 보면 중국 신문의 자본운영은 대체적으
로 3단계로 나눌 수가 있다. 이 3단계는 서로 대체하는 것이 아니고
서로 보완, 융합되는 것이다.

① 다각경영단계

광의적으로 보면 중국의 매체는 80년대로부터 제 3산업을 개발하
고 다각경영을 하여 자본운영의 초급단계로 볼 수가 있다. 이 단계
에서는 매체의 경영범위는 광고, 자체발행, 인쇄대리, 사진현상, 음
반제품생산으로부터 프로제작, 정보자문, 부동산, 운수, 여행, 음식업
등으로 확대한다. 이런 다각경영은 중국 신문매체의 시장을 확대시
키고 경영의식을 증강시킨다. 비록 경영인재의 결핍과 경험 부족으
로 성공이 많지는 않았지만 제3산업의 다각경영은 의연히 신문의
경영에서 중요한 내용이었다.

② 집단화 경영단계

90년대 중반부터 미디어집단건설은 객관 상에서 매체가 자체의 자
원(자매지, 채널, 구역 내의 매체 등)에 대한 새로운 조합으로 규모를
늘리고 우세를 발휘하여 매체의 실력을 중강 시키고 경쟁력을 높이
었다. 현재 국가신문출판서에서는 신문 집단, 출판집단, 발행(유통)집
단을 비준하였고 廣波電視總局에서는 2001년 6월까지 유선, 무선방
송의 합병을 완성시키어 廣播電視集團과 廣波電視有線네트웍공사

의 건립을 조속히 할 것을 요구한다. 경제와 매체가 발달한 지구에서
는 異種매체, 지역과 업종의 제한을 받지 않는 복합미디어집단을 구
성할 계획도 갖고 있다. 人民日報, 新華社. 中央電視(CCTV)등 중
앙 급 매체들은 이미 대형미디어집단으로 발전하고 있다.

③ 자본경영단계

신문매체는 자체의 유형, 무형자산의 우세와 자회사를 이용하여 직
접 자본시장에 진출, 자본을 모으거나 융자를 하고 사회자본을 흡수한
다. 이는 신문매체의 자본운영의 고급형태이다. 1994년 초 上海廣播
電視局소속의 東方明珠株式有限회사가 증시에 상장했다. 1999년에
는 첫 미디어주식인 電視廣播實業(廣播,電視媒體로 고침)深圳증시
에 상장했다. 그 후 人民日報, 成都商報는 장외에서 간접적으로 주식
을 공제하는 상장회사로 되었다.

3) 중국 매체의 자본운영의 방식

① 합작경영

일부 매체는 음으로 혹은 양으로 國有의 채널, 주파수, 간행물허
가번호를 자본으로 일정기간 광고경영권, 발행권을 양도하거나 지어
는 채널, 방송시간대, 프로그램, 지면 등의 내용의 揭載권과 傳播권
을 양도하여 사회자본의 주입을 꾀하거나 상장회사와 합작하여 자회
사를 공동 경영한다.

② 자회사직접상장

매체는 우량 자산을 분리하여 다시 새롭게 통합한 다음 언론사
경리부문, 혹은 언론사에 예속된 국유자산이 주식을 공제하는 독립
법인자격의 주식제 자회사를 꾸리고 증시에 상장하여 공개적으로 자

금을 모은다. 이를테면 1994년에 상장한 동방명주, 1997년에 상장한 中視股分, 1999년에 상장한 電廣傳媒등이다.

③ 자회사가 주식을 공제하고 우회적으로 상장

기타 기업과 마찬가지로 언론사의 자회사가 직접 증시에 상장한다는 것은 상당한 과정이 필요 된다 하여 일부 언론사들은 증권시장의 규칙에 따라 자회사가 상장기업의 주식을 사거나 인수를 하여 간접적으로 증권시장에 진출하여 안정된 융자경로를 확보한다. 이를테면 1999년 成都商報산하의 博瑞公司가 상장기업인 四川電器의 주식을 공제한 것이나 人民日報 소속의 華聞公司가 액화가스주식을 공제한 것이다.

이밖에 신문매체의 인터넷판이 상업네트웍을 이용하여 사회자본을 흡수하는 것이다. 예를 들면 人民日報의 자매지인 證券時報와 상장회사인 振華科技는 합작하여 全景网站을 꾸리였고 羊城晩報와 상장회사인 廣東高速公路网絡有限公司가 합작하여 羊成晩報高速網絡有限公司를 꾸리였다.

중국인민대학 喩國明교수는 중국 매체의 자본운영에 대해 다음과 같이 말한다. "자본과 매체는 관방에서 승인하고 안 하고를 떠나서 서로 연애를 하거나 혹은 동거하는 것은 이미 아주 보편적인 현상으로 되었다. 중국의 매체 산업은 이미 고속 성장 단계에 이르렀다. 연속 3년 간 25%의 속도로 상승하여 1998년 이미 煙草(담배산업)업을 초월한 제4대 국가 기간산업으로 되었다. 이는 거대한 매체시장의 형성을 의미한다.[128]

---

128) 《新聞與傳播》, (中國人民大學資料中心, 2001,6), p 3

제4절 소 결

당대 중국신문 집단은 영향력이 있는 사회주의 신문(주로 당보)을 핵심으로 매체산업 및 매체산업과 상관된 實業을 주체로 기타 비매체산업 경영실체를 겸영한 매체산업 연합체이다.[129] 시장경제의 초기에 중국의 신문 집단은 당과 정부의 선전의 수요와 사회가 정보에 대한 수요, 매체의 이윤창출의 수요를 만족시키기 위해 행정 주도형으로 이루어졌다. 중국의 신문 집단의 주체는 당보이다. 신문 집단은 엄격한 설립조건과 정치적인 규정이 있는 것이다. 신문 집단은 당위나 혹은 신문사위원회를 비롯한 집단지도체제를 가지고 있으면서 편집과 경영을 분리하는 다양한 관리 제도를 도입하면서 시장경제에 적응하려고 한다.

현재 중국신문 집단의 경영 형태는 주로 당보가 몇 개의 시장지향적인 자매지를 겸영하는 수평적인 집중이 위주이다. 이런 수평적인 집중은 타 지역(당보 대상지역)을 상대로 할 수가 없다. 그러나 매체 상관 산업인 광고, 인쇄, 정보자문, 발행(보급) 뿐만 아니라 매체업과 상관되지 않는 타 업종도 경영한다. 심지어 일부 신문 집단들에서는 우회적으로 주식시장에 진출하기도 하고 또 대기업의 자본을 인입하기도 하지만 정책적으로 엄격한 규제가 있다. 중국의 신문 집단은 하나의 복합기업이지만 매체 중심(당보)이며 지역적인 제한이 비교적 엄격하다. 중국 사회주의 시장경제의 초기단계의 실정에 적응되는 중국신문 집단의 기본특징을 아래와 같다.

---

129) "建設社會主義現代化報業集團爲中國報業的改革和發展探索新路", 《新聞大學》 1996년 여름호 참조

첫째, "사업성"과 "기업성"의 이중성

중국의 경제체제개혁과 국가가 신문매체에 대한 관리체제의 변화로 보면 중국의 신문 집단은 사업체와 기업체의 혼합물이다. 신문 집단의 사업성은 선명한 정치적인 속성을 가진다. 즉 상층구조(상층건축)의 일부분으로서 사회주의 의식형태를 선전하는 사명을 가진다. 이것은 중국의 신문 집단이 기타 기업집단이나 서방의 신문 집단과의 근본적인 구별점이다.

신문 집단의 기업성, 혹은 산업성은 신문 집단이 경제적인 속성이 있으며 국가경제의 일부분이다. 시장경제체제 하에서 신문 집단은 중요한 산업경영실체이며 신문의 자본을 보호하거나 증식하는 산업기능이 있다.

이런 두 가지 기능 중에서 사회적인 기능이 우선적이며 신문 집단의 존재의 전제이다. 산업적인 기능은 신문 집단의 발전의 조건과 기초이다. 중국의 신문 집단의 사업성은 정치를 말하고 당성을 말하고 정확한 여론향도를 말할 것을 요구하며 또 사회적인 효익을 추구할 것을 요구한다. 신문 집단의 산업성 요구는 기업화 관리를 요구하며 산업화 경영을 요구한다. 아울러 경제적인 효익을 추구한다. 이중 속성은 상호 밀접히 연계되며 신문 집단이 반드시 사회적 효익의 제약 하에서 경제적인 효과를 체현한다는 것을 결정한다.

둘째, 정체성과 다양성의 傳播시스템-역할 분담과 협동

중국신문 집단은 대체적으로 主報(모체신문)가 기타 신문을 인수 합병하거나 혹은 子報(자매지 혹은 계열신문)를 출간하여 적당한 조정을 하여 이루어졌다. 현재 많은 신문 집단에는 일간지, 석간지, 주간지 혹은 잡지, 출판사를 가지고 있다. 하여 주보 즉 모체신문을 旗艦으로 품종이 다양한 신문들로 이루어져 협동으로 매체시장 경쟁에 우세를 점하고 있다. 南方日報를 예로 하면 현재 이 집단은 7개 신문과 한 개 잡지가 있다. 모체신문인 南方日報는 정확한 여론향도에 주력을 하고 당보의 권위성과 엄숙성의 풍격을 견지한다. 南方體育, 21世紀經濟報道, 南方農村報 등은 특정한 독자들을 대상으로 하고 南方週末은 전국적으로 발행을 하여 지식수준이 비교적 높은 사람들을 대상으로 한다. 南方都市報는 珠江三角洲, 廣州, 深圳 등지의 시민들을 대상으로 한다. 신문들은 독자에 접근하고 생활에 접근하는 두 가지원칙으로 취사선택을 하고 권위성, 지도성, 가독성, 봉사성을 추구하고 전형보도(모범사적보도), 심도보도, 비평보도 다양한 형식으로 당보의 지도성과 가독성을 강화하여 집약, 협동작전으로 집단의 양성발전을 촉구한다.

셋째, 집중통일의 관리체제와 부문의 자율적인 경영-취재편집과 경영의 분리

현재 중국신문사 자체가 국유자산에 속한다. 신문 집단의 소유제 관계는 모두 국가소유(전민소유)형식이다. 이런 소유제의 관계는 관리와 경영에서 집중과 통일의 관계를 결정한다. 결책의 통일은 신문을 꾸리는 것(주로 판면의 내용)과 경영의 통일을 담보할 수 있다. 대다수 신문 집단을 보면 관리조직의 형식상에서 소금 차이가 있지만 모두 집단관리기제에서 고도로 통일과 집중을 요구하고 있다. 문회신민집단은 당위 집단적 영도 하에서 사장책임제를 실시한다. 제1, 제 2 책임자는 당위의 정, 부 서기 겸 정, 부사장이다. 두 명의 당위위원이 문회 보와 신민석간의 당위서기 겸 총편집장을 맡고 있다. 이리하여 전반사업을 집중 통일적으로 결책할 수가 있는 시스템이 이루어졌다. 경영관리 면에서 집단에서는 인력, 재정, 물력을 통일적으로 관리한다.

신문 집단들에서는 집단이 선전방향과 여론향도, 편집방침을 통일적으로 관리하지만 실질적인 경영에는 각 부문들이 자율적으로 진행한다. 동시에 집단은 신문에 의탁하여 신문과 상관된 산업을 발전시키며 또 경영 항목도 원래의 인쇄, 발행, 광고로부터 부동산, 금융,

무역, 호텔, 운수, 경외합자 등 다양하며 상응한 부분에서 자유로운 경영권을 기지고 있다.

중국신문 집단의 특색은 중국 사회의 특성과 당보의 특성에서 비롯된 것이기 때문에 서방의 신문 집단들과 다른 점이 많다. 중국 신문 집단과 서방의 신문 집단의 주요한 구별 점은 바로 중국의 신문은 사적인 소유가 아니고 국가적인 소유이고 정당의 영도를 받고 민간이나 기업의 주도를 받지 않고 자발적인 성장보다도 중국의 사회 경제문화의 배경 하에서 질서가 있고 紀律이 있게 성장하는 것이다.

그렇기 때문에 ① 강렬한 정치적인 색채와 선명한 정당의 배경을 갖고 있으며 급별이 있고 지역적인 제한이 있으며 대부분이 영향력이 있고 실력이 있는 당보를 위주로 이루어지고 또 그 당보의 이름으로 명명 된다. ② 자유롭게 신문을 창간하지 못하여 발전공간이 일정한 제약이 있으며, 신문 집단이 다른 기업을 운영할 수가 있지만 기타 기업이 신문을 다각경영의 대상으로 삼을 수가 없다. ③ 관, 공비 주문이 점차적으로 감소되는 추세이지만 상당기간 많은 주류 신문들은 관, 공비에 의존한다. ④ 모체신문은 중대한 사명을 갖고 있다. 모체신문의 총 편집장은 신문사의 최고 책임자이며 또한 신문 집단의 법인을 맡고 있다. 경제원인으로 모체신문의 생존위기를 가져오는 것은 아니다. 사실상에서 신문 집단의 기타 자계통신문과 그 산하의 기업들의 의무와 목적은 바로 모체신문의 영향력과 경제적인 실력을 도모하기 위한 것이다. 한마디로 중국신문 집단의 최종목표는 사회적인 목표이지만 외국의 많은 신문 집단들의 최종목표는 경제적인 효익이다.

제5장 중국신문 집단의 성장과 문제점

제1절 중국신문 집단의 성장가능성

1. 정책적 측면-언론발전계획서와 17호 문건

중국 공산당 15차 당대표 대회의 보고에서는 중국의 신문 사업에 대해 '관리를 강화하고 구조를 합리화하며 질을 제고할 것'을 요구했다. 그러면서 문화 건설을 사회주의 종합 국력의 중요한 표징이라고 거듭 천명했다. 국가 신문출판시에서는 15차 당대표 대회의 정신에 따라 '2000~2010년 신문 출판업 발전 계획(2000~2010年 新聞出版業發展計劃)'을 제정했다. 이 세획에서는 2000년 전까지 신문 출판업은 단계적인 정리와 조정을 거쳐 신문 시장을 정화하고, 점차적으로 계획 체제에서 시장 경제로 전환하며, 분산적인 경영에서 집약적인 경영으로 전환하는 전략적 방침을 제정하였다. 계획에서는 2000년까지 신문 집단을 5~10개로 발전시키며 2010년에까지는 더욱 많은 신문을 건설하여 경영 규모가 1억 위안이 되는 신문이 총 신문수의 10%를 차지하게 한다고 밝히고 있다. 2000년 신문종이의 총 소모량은 132만 톤에 달하였다. 2000년 계획에서는 또한 2010년까지 '출판법', '언론법', '저작권법'을 주체로 하는 언론출판법의 체계를 완벽히 한다고 했다. 이런 거시적인 계획은 2010년 국민 생산 총액을 1980년대보다 배로 증가시킨다는 것을 고려하여 제정한 것이다. 다시 말한다면 중국의 출판물에 대한 수요량과 소비량이 현재의 두 배가 된다는 것이다.

중국의 WTO에 가입함으로서 전 지구화 물결이 중국을 행해 몰려오게 된다. 그러나 중국매체의 폐쇄적인 운영은 세계적인 것과 궤를 할 수가 없다. 국내외의 많은 눈길이 아직 개발되지 않은 이처녀지를 바라보고 있다. 어떤 이는 매체산업은 중국에서 폭리를 얻을 수 있는 마지막 영역이라고 한다. 덩치가 커진 중국 신문매체는 자금을 수요하고 있고 일부 자본들은 투자 대상을 찾으려고 한다. 이런 시기에 굳게 닫힌 정책의 문이 조금씩 열리지 않을 수 없다. 중공중앙판공청과 국무원판공청에서는 17호 문건(2001.8)을 발표. 중앙선전부와 國家廣電總局,新聞出版總署에서는 《關於深化新聞出版廣播影視業改革的若干意見》을 전재하여 발표하였다. 중국의 매체에 대해 지역, 업종, 매체에 구애되지 않는 복합적인 경영을 할 수 있도록 조건적인 허락을 하였다.

2001년 8월 17호 문건은 개혁의 중점은 구조조정에 두고 총체적인 수량을 공제하여 합리적으로 분포되게 하며 집약화 경영을 발전시켜 규모우세를 형성하는 것이다. 규모경영의 요구에 따라 연합, 재구성, 겸병 등 형식으로 산업의 집중도를 높여 지역에 구애되지 않는 다매체 경영을 추동하여 대형 미디어집단을 꾸리는 것이다.

국가의 이런 계획과 정책은 중국 신문 집단의 장대에 유력한 받침돌이 된다.

2. 경제적인 측면-WTO가입과 광고의 성장

중국 경제의 신속한 발전은 중국 신문의 발전에 광활한 시장을 가져다준다. 한 나라의 매체산업발전은 그 나라의 경제적 발전과 갈라놓을 수 없다. 특히 현재의 경제적 발전은 정보를 떠나 생각할 수 없다. 정보 산업은 세계 경제와 사회 발전에 점점 큰 역할을 하고 있다.

중국의 경제적 성장과 더불어 정보에 대한 수요와 자문 봉사, 정보 가공은 광고와 못지않은 경제적 효과를 신문에 가져다준다.

중국의 WTO 가입은 확실시되었다. 이는 중국의 신문 발전에 중대한 영향을 준다. 무엇보다도 중국 신문에 거대한 광고 시장을 가져다주는 것이다. 중국이 WTO에 가입하면 중국 국내 총생산액은 매년 300억 달러(대략 2천 400억 위안)이상의 성장을 더 가져올 것이라고 전문가들은 예측하고 있다. 이는 국내의 경제 번영과 매체의 경영에 매우 유리한 조건을 조성할 것이다. 광고 액의 증가는 국내의 경제적 번영과 밀접한 상관관계를 가진다. 1978~1998년 사이 중국 경제의 연간 성장률은 10%에 가깝다. 이런 환경에서 매체의 광고 수입도 매년 두 자리 숫자로 증가했다. 신문을 예로 들면 1991에서 1997년까지의 연간 성장률은 각각 43%, 67%, 134%, 33%, 27%, 20%, 28%였다. 1998년에 이르러 전국 신문 광고 액은 115억 위안에 달해 1984년 신문이 광고를 회복했을 때이 164배에 달했나.[130]

또한 국외의 자동차, 정보 통신, 금융과 같은 기업이 중국 진출을 위해서는 무엇보다도 중국의 매체를 통해 시장을 개척하게 된다. 81%에 달하는 미국의 대기업은 일반적으로 1억 달러 내외를 광고료로 지불한다. 이런 시각에서 보면 WTO 가입 후 중국 매체의 광고 수입은 엄청날 것이다.

뿐만 아니라 관세의 장벽이 허물어지면 신문 종이와 인쇄비용이 대폭적으로 줄어들어 신문의 원가를 낮출 수 있는 절호의 기회가 될 것이다. 신문 운영에서 전반 비용의 50~60%는 신문 종이를 비롯한 인쇄비용이다. 중국의 신문지는 질은 낮고 원가는 높아 간접적으로 신문의 발전을 가로막고 있었다. 수입제 신문 종이는 질적 면에서 우세할 뿐만 아니라 가격 면에서 국산에 비해 톤당 1,000~

---

130) 中國新聞報, 1999년 12월 9일자.

1,500위안 정도 싸다. 이는 물론 국내 종이 공장에 일정한 타격을 줄 우려도 있지만 자체의 개혁을 촉구하고 또 신문의 원가를 줄이는 데는 긍정적인 영향을 줄 것이다.

WTO의 가입은 중국 신문의 기업화, 집단화의 방향으로 나갈 것을 촉구한다. 최근 중국에서는 언론 매체는 국가에서 경영하고 모두 국유자산에 속하고 원칙적으로 주식제를 실시하지 않으며 또 해외 자본의 개입을 허용하지 않는다고 못 박았다. 그러나 거대한 자금과 선진적인 관리 기술로 무장된 외국 매체가 중국에 진출한다면 중국 매체에 커다란 위협이 아닐 수 없다. 때문에 필연코 상당한 실력을 갖춘 신문 집단을 건설하여야 외국의 거대 미디어그룹과 경쟁할 수가 있다. 국가에서 모든 신문사가 손익을 독자적으로 책임지게 하는 방침을 취한 이상 신문의 집단화 건설은 시장의 법칙을 따를 수밖에 없다. 이는 역시 중국 신문 집단의 장대에 유리한 조건이다.

3. 시장적 측면-신문시장의 비 포화상태

중국 신문의 시장은 아직도 포화 상태에 이르지 못했다. 신문은 문화적인 산물로서 그 발행 부수는 신문의 질과도 관계가 있지만 독자들의 문화 수양과 경제 수입과도 깊은 관계가 있다. 1997년과 1998년 중국통계연감에 의하면 1,000명당 41.5부의 신문을 주문한다. 이는 중국에서 신문 소비량이 아직도 대단한 공간을 가지고 있음을 말한다. 유엔의 유네스코에서는 발전도상 국가에서의 신문 소비량을 1,000명당 100부로 정했다. 현재 중국은 이 표준의 절반도 도달하지 못했다. 중국 신문의 발행 부수는 인구에 비해 상대적으로 대단히 적은 편이어서 발행 부수가 많은 신문이라도 하루에 200~300만 부이다. 중국보다 인구가 훨씬 적은 일본의 큰 신문의 발행 부수가 1,000만 부에 이른다. 이런 시각에서 보면 적어도 이론상으로 중국 신문의 발행 시장은 현재보다 10배 이상이 크다고 할 수 있다.

중국 신문은 전통적으로 반절지 4면이었다. 하지만 신문이 시장에 뛰어들어 경쟁에 참여하는 가운데 서로 지면을 늘리기 시작하여 현재 주요한 일간지들은 12~20면 내외이다. 이것은 중국 신문이 아직도 지면을 확충할 수 있는 공간이 상당히 많다는 것을 말한다. 중국의 주요한 일간지들의 평균 지면을 20면이라고 본다 해도 선진국과 비교할 때 많은 차이가 있다. 가까운 홍콩만 보아도 홍콩에서 발행하는 신문은 50면 안팎이다. 한국의 중앙지들도 하루에 60면 내외이다.

뿐만 아니라 중국 신문은 상대적으로 광고를 확충할 수 있는 공간도 가지고 있다. 1979년 신문이 광고를 게재한 이후 중국 신문의 광고는 괄목할 만한 발전을 거듭했다. 1998년 통계에 따르면 중국 신문의 4분의 3이 국가의 재정 보조를 받지 않고 손익을 자부로 부담한다.131) 광고는 이미 중국 신문에서 경제적 기둥이 되었다. 그러나 국가에서는 신문의 주체적 기능을 상실하지 않기 위해 광고는 매기 신문 내용의 40%를 넘지 못하도록 규정하였다132). 이런 규정이 신문의 건전한 발전에 적극적인 영향을 준 것만은 사실이다. 그러나 한편으로는 신문사가 광고 수입을 증가시키는 데 하나의 굴레가 되었다. 선진국의 신문을 보면 매기 신문 내용에서 60~70%가 광고이다. 물론 중국의 구체적인 상황에서 출발해야 하겠지만 시장 경제의 급속한 발전과 사회적 수요로 본다면 중국 신문에서 광고가 50%, 혹은 60% 이내로 차지할 수 있는 것이다. 이는 신문사의 원활한 운영과 경쟁력을 높이기 위한 조치이다. 외부적으로 커다란 광고 시장이 있고 내부적으로 광고를 늘릴 수 있는 확장 공간이 있다는 것은 중국 신문의 경제적 발전 가능성을 말해 준다.

---

131) 梁 衡, 위의 논문, p.8

132) 王震國. 《中國報業的內外環境與擴張戰略》, (新聞大學 2000), p.82

<표 8> 성 급 당위기관지의 천 명당 평균 배분량
(1998년 전국인구통계와 비교)

성, 시, 구	상주인구	성급 신문 인쇄	매 천명 배분량
북 경	1245.6만	31.81만부	25.5부
천 진	956.64만	41.75만부	43.6부
하 북	6596.3만	41.48만부	6.3부
산 서	3182.2만	17.55만부	5.5부
내 몽 골	2344.88만	8.49만부	3.6부
요 녕	4157만	22.81만부	5.5부
길 림	2644만	12.01만부	4.5부
흑 룡 강	3773만	16.34만부	4.3부
상 해	1306.58만	42.11만부	32.2부
강 소	7182.5만	42.01만부	5.8부
절 강	4456만	40.35만부	9.0부
안 휘	6184만	32.39만부	5.2부
복 건	3299만	22.01만부	6.6부
강 서	4191.2만	20.09만부	4.8부
산 동	8838만	40.05만부	4.5부
하 남	9315만	34.04만부	3.6부
호 북	5907.2만	29.55만부	5.0부
호 남	6502만	29.34만부	4.5부
광 동	7143.43만	82.94만부	10.2부
광 서	4675만	16.26만부	3.2부
해 남	752.82만	14.47만부	19.2부
중 경	3060만	7.58만부	2.48부
사 천	8493만	31.82만부	3.7부
귀 주	3657.6만	12.42만부	3.4부
운 남	4146만	16.59만부	4.0부
서 장	251만	2.08만부	8.3부
섬 서	3595.7만	18.17만부	5.1부
감 숙	2519.37만	17.01만부	6.7부
청 해	502.8만	4.99만부	9.9부
녕 하	536.57만	6.28만부	11.7부
신 강	1747만	9.01만부	5.16부

※ 주: 이 표는 1999년 당 기관지의 발해부수와 1998년 말 인구수량과의 비교

이밖에 신문의 경영 환경을 조절한다면 중국 신문은 발전할 수 있는 내재적 여지가 크다. 개혁·개방 20여 년 간 중국 신문은 양적이나 질적으로 상당한 발전을 이룩했다. 특히 양적인 면에서는 더욱 괄목할 만한 성과를 이룩했다. 그러나 신문의 시장은 상대적으로 혼란하다. 그 주요한 현상으로는 동일한 지구, 동일한 도시에 같은 성격을 가진 신문들이 많으며, 여러 부문과 기업에서 너도나도 신문을 만들어 보도가 중복되고 정보가 비슷하다는 것이다. 이는 인력, 물력 재력 면에서 막중한 낭비를 조성한다. 따라서 발행 부수가 떨어지고 광고 시장이 혼란하게 된다. 때문에 중국 신문의 전체적인 신문 수량은 많지만 개체적으로 실력 있는 신문은 매우 적다. 하지만 주도적인 신문이 내용상 중복되거나 성격상 비슷한 신문에 대해 과학적이고 합리적인 합병, 혹은 겸병을 하여 신문의 경영 환경을 개선한다면 중국 신문은 발전할 수 있는 내재적 공간을 가지고 있는 것이다. 사실상 국가 유관 부문에서도 이리한 점을 파악하고 여러 가지 대책을 마련했다. 1999년 11월 16일 국가신문출판서에서 반포한 '신문 간행물 구조를 조정할 데 대한 중앙' 누 사무실 '30호 문건을 실시하는 데 관한 의견(關于落實中央 '兩辦' 30號文件調整報刊結構的意見)'은 전반 중국 신문 업계에 중대한 영향을 끼쳤다. '의견'의 다음과 같이 요구하고 있다.

의견의 내용은 발행부수 3만부 이하 신문 폐간, 같은 분야 전문지 통폐합, 중앙정부와 국가기관 각 부서 신문발행 불허 등이다.[133]

---

133) 新聞出版報, 1999년 11월 22일자 참조

제2절 중국신문 집단이 성장 중에서 존재하는 문제점

신문 집단은 중국의 신문실천 중에서 신생사물로서 실험단계에 있다. 때문에 필연적으로 여러 가지 문제점이 존재한다.

1. 행정개입과 시장발전의 모순

1) 신문 집단의 양적인 발전문제

신문 집단의 건립은 반드시 신문출판서의 비준을 받아야 한다. 신문 집단을 건설하려고 하는 신문사는 반드시 黨報야 한다. 그리고 아래와 같은 다섯 가지 조건 즉 비교적 양호한 매체의 실력(정보 공급능력), 경제실력, 인재실력, 기술실력, 발행실력을 갖추어야 한다.[134] 이것은 신문 집단을 건설하는 데에서 반드시 지켜야 할 조건이다. 그러나 이런 요구에 부합되는 신문사는 모두가 신문 집단을 꾸리수가 없다. 때문에 더욱 구체적인 규정이 제정되어야한다. 그리고 신문 집단의 형성은 행정기관의 명명에 의해서 이루어지는지 아니면 신문자체 발전에 의해 이루어지는지 신문 집단은 어떤 정책적인 제한과 혜택을 받는지에 대해 유관부문에서 권위성적인 해석이 필요다.

2) 생명력이 없는 정책과 실천의 모순

계획경제에서 시장경제로 과도 하는 과정에서 중국신문의 실천은 원유의 일부 정책, 규정, 관례에 의해 발목이 잡히는 경우가 많다. 증면을 예로 든다면 당초에 물자가 풍족하지 못해 공급과 수요의 모순을 해결하기 위해 국가에서 통일적으로 신문지를 배급하였다.

---

134) 新聞三昧 1997年 11期 p.6

그리고 마음대로 증면을 할 수가 없도록 규정을 내리었다. 물론 그 배후에는 신문지의 공급을 감당 못할 것을 고려한 것도 있지만 우체국에서도 발행비용을 이유로 지면을 증가할 경우에 며칠 전에 통지를 할 것을 요구하였다. 물론 우체국의 사업양은 제한 된 것이지만 이런 것은 시장의 수단으로 보상을 할 수가 있다. 시장의 번영으로 신문지도 공급이 보장되지 못한 신품은 아니다. 경제적인 실력만 있으면 해결되는 것이다. 우체국이나 관리부문이나 계획경제시대에 형성된 관례로 신문 발전의 발목을 잡는다.

현재 중국현실로 보면 신문은 허가제이고 일정한 범위 내에서 신문의 수를 제한하고 있다. 때문에 신문의 허가번호는 하나의 자원으로 되고 있다. 신문 집단이 시장의 상황에 근거하여 새로운 신문을 창간하는 것은 아주 당연한 일이지만 중국의 현실로는 아주 어려운 일이다. 신문의 등록번호를 거의 동결상태이기 때문에 시장에서 우승열태는 거의 찾아볼 수가 없다.

신문이 하나의 산품이라면 그 명칭은 산품의 상표와 마찬가지이다. 그러나 중국의 신문은 그 명칭 자체도 제한을 한다. 도시 시민들을 상대로 신문사에서 새로 창간한 석간지를 석간이라고 부를 수가 없다. 원칙상에서 한 도시에 한 개의 석간만을 허용하기 때문이다. 하여 이런 신문들은 都市報라는 생소한 이름을 달고 있다. 이런 변상적인 현상은 신문의 발행에서도 나타난다. 이를테면 분명히 석간지이지만 아침에 발행되고 또 역으로 조간지이지만 오전 판, 오후 판으로 발행하는 경우도 있다.

관리체제에서 신문의 기술적인 측면에서 국가신문출판총서에서 관리하고 의식형태측면에서는 중공중앙 선전부에서 관리한다. 그러나 산업적 측면에서 관리로서는 어디에 속하는지 분명하지 않다. 다시 말하면 경제적인 면에서 어느 부문이 신문을 관리하는가하는 것이다. 신문사 국유자산이기 때문에 소유자의 집행기구는 명확하다. 그러나 정책이나 법규에서는 아직도 신문의 수익분배에 대해 명확한 규정이 없다. 일부분의 세금을 바치는 외 거액의 이윤(모종 의미에서 郵電, 철도, 전력 등 과 같은 독점이익)을 신문 집단이 관리를 하는가 아니면 어느 부문에서 관리하는가하는 문제이다.

3) 특색보존과 확대발행

중국 신문은 국가의 독점적인 경영이고 관방적인 성격을 띤다. 신문이 경쟁이 존재할지라도 시장에 의해 조정되는 것이 아니라 반드시 주관부문의 행정개입으로 조정된다. 매체 수량에서 유관부문의 지표(신문 집단은 반드시 5개 이상의 신문을 가져야 한다.)에 도달하기 위하여 신문 집단을 꾸리려는 신문사들은 겸병할 수가 있는 신문이나 잡지를 찾는다. 그러나 작은 신문이라 할지라도 관방의 성격을 띠였기 때문에 결손을 두려워하지 않는다. 상급 행정부문의 개입이 없이는 실질적인 겸병이 불가능하다.

한편으로 발행부수가 적고 광고 액이 적지만 아주 특색이 있는 신문이 단순한 경제적인 지표 때문에 겸병을 당했을 경우 신문의 번영과 신문품종의 다양화에 손상을 준다.

또 한 지구에서 한 신문 집단이 완전히 독점할 경우이다. 경영자로 놓고 말하면 제일 이상적인 시장 조건은 독점이지만 독점은 소비자에게 제일 불리한 것이다. 미국의 신문은 "一城一報"의 형태이다. 그러나 이것은 경쟁의 결과이며 동시에 다른 신문 집단이 그 지방에서 신문을 꾸릴 수가 있다. 때문에 잠재적인 경쟁자가 수시로 있기 때문에 신문의 질을 담보하지 않으면 안 된다.

그러나 중국의 현실은 이런 자유경쟁이 없다. 일단 한 지방의 신문이 어느 한 신문 집단에 집중되면 신문의 질을 어떻게 담보할 것인가하는 문제이다. 특히 성급 소재지를 제외한 地區 級 市의 신문들이 발전하지 못하여 한 개 신문 집단이 그 곳의 전부 신문을 장

악할 가능성이 많다. 현재 청도, 연대 등 도시에서는 이런 현상이 보인다. 이럴 경우에 신문의 질뿐만 아니라 언론자유와 신문 집단에 대한 여론 감독도 문제시된다. 특히 신문 집단에 소속된 기업이나 신문 집단의 이익에 관여된 문제에 대해 여론 감독을 어떻게 할 것인가 하는 문제이기도 하다. 서방의 언론들은 언론자유를 하나의 신조처럼 여기지만 일단 자기 집단의 이익에 저촉 된 일에 대해서는 社會公器적인 역할을 잘 하지 않는다. 이런 실례는 현실적으로 너무나 많다. 신문 집단의 산업규모가 확대되고 산하 기업이 일정한 정도로 이르면 신문은 사회상의 여러 가지 이익집단들과 천차만별의 관계를 갖게 되고 또 복잡한 경제적 이익공동체가 형성된다. 여론公器 시각에서 보면 신문의 객관성과 공정성을 어떻게 보증할 것인가 하는 문제는 고려하지 않을 수가 없다.

2. 시장 속에서 언론의 불공평경쟁

1) 급별의 대우

신문 집단화 과정에서 겸병과 합병은 불가피 하다. 그러나 부동한 급별의 기관지가 합병되어 하나의 집단에 예속된다면 어느 급의 기관지가 되는가 하는 문제이다.

전통적으로 중국의 신문은 급별이 있는 것이다. 이것은 근근히 명분상, 지위상의 문제일 뿐만 아니라 경제적인 실제적인 문제이기도 한다. 예컨대 신문용지의 우대, 발행비용의 격감, 인쇄 등 기술 장비의 갱신 등 여러 가지 면에서 혜택이 서로 다른 것이다. 다시 말하면 급별에 의해 다른 정책적인 혜택을 받는다. 신문시장의 성숙과 더불어 모든 신문사에 대해 동일시하는 정책을 펴야 한다.

2) 전국지와 지방지의 공평경쟁문제

중앙급 큰 신문들이 신문 집단을 건립하고 지방시장을 상대로 분사를 설치하거나 지방판을 발행하는 것은 실제상에서 지방도시의 신문과 시장을 경쟁하는 것이다. 전국지로서 전국의 어느 한곳을 상대로 하는 것은 당연하다. 현재 상황으로 보면 전국지가 지방지의 성격이 강하면 강할수록 발행부수와 광고 액이 증대되고 있고 지방지는 전국지의 진입을 막을 능력이 없다. 예컨대 光明日報의 生活時報와 北京晚報, 人民日報 華東版과 上海의 解放日報, 人民日報 華南版과 廣州의 南方日報와 廣州日報의 시장은 서로 충돌이 된다. 中國靑年報와 工人日報는 선후로 北京지역을 상대로 하는 北京專門版을 발간하기도 하였다. 현재로서는 전국지의 지방신문이 성숙되지 않아 지방지에 큰 타격은 없지만 그러나 앞으로는 단정할 수가 없다. 부동한 급별의 신문의 시장분할문제를 논하는 것은 시장경제원칙에 위배되는 것이다. 그렇다면 지방지가 전국지처럼 다른 지방에서 신문을 발간 할 수 있는 공평한 정책이 부여 되어야 할 것이다.

3) 신문 집단과 방송매체의 경쟁

외국에서 신문 집단이 동시에 다른 업종의 매체를 운영하는 실례도 있다. 중국에서 보면 원칙적으로 금지되나 현실적으로는 그렇지가 않다. 특히 방송사가 신문이나 잡지를 소유하고 있다. 이를테면 중앙인민방송국이나 중앙텔레비죤방송국은 중국라지오텔레비죤신문과(사실 일반적으로 각급 방송국에서는 상응한 라지오텔레비죤신문을 소유한다. 예를 들면 연변방송국에는 연변라지오텔레비죤신문을 발간한다.) 廣播歌曲, 電視硏究, 등 잡지를 발간한다. 그러나 人民日報나 新華社는 방송사업을 할 수가 업다. 이것은 논리상에서 맞지 않다. 통신사를 보면 新華社는 거대한 미디어집단이다. 新華社

는 중국에서 최고의 발행부수를 자랑하는 參考消息을 포함하여 무려 14개의 신문과 잡지를 꾸리고 있다. 이런 면에서 보면 중국신화 통신사는 통신사가 신문 집단을 꾸린 셈이다. 일반적으로 신문 집단들이 통신사를 꾸린 경우는 있지만 통신사가 신문 집단을 꾸린 경우는 거의 없다.

3. 외국 언론 산업의 진출과 불완전한 규제제도

중국은 WTO의 가입이 확실시됨으로써 중국은 언론시장을 개방해야 될 것이다. 따라서 제도적 개혁은 세계적 기준에 맞추어야 하고 단순히 경제적, 문화적 측면뿐만 아니라 정치적인 측면, 컨텐츠적인 측면에서도 세계적인 기준에 맞게 변화시켜야 한다[135]. 또 세계의 굴지의 미디어 산업들이 미디어 시장의 미개척지인 중국 탐낸다. 현재 중국에는 AOL-Time Warner 등 세계적인 미디어 그룹들이 직, 간접적으로 진출했다.

현재 중국이 그 동안 외국기업의 진출을 금지했던 미디어 부문에 대해 '제한적 개방'을 단행했다. 그 실례로는 중국 정부는 2001년 12월 19일 언론황제 루퍼드 머독의 뉴스코프가 광둥(廣東)성에 한 해 오락방송 채널을 운영할 수 있도록 허용했었고 또. 이에 앞서 10월에는 미국의 AOL-타임워너에 광둥성 지역에 대한 케이블 방송을 허가했으며, 홍콩의 중국어 방송인 봉황TV의 중국 진출도 인가했다.

이번 조치는 그 동안 언론을 사회주의 선전수단으로 간주하고 강력하게 통제했던 중국이 서방세계에 또 하나의 빗장을 푼 것이다. 이런 상황은 중국의 언론 산업 발전가운데서 두 가지 시급히 해결해야 할

---

135) 胡正龍 "중국 컨텐츠산업: 변화와 이슈들"(2001년 한국문화콘텐츠학회 국제심포지음 논문집), 한국방송진흥원 p.162

과제를 예시한다. 우선 미디어 경쟁 속에서 어떻게 자국의 미디어산업의 경쟁력을 높이고 보호할 것인가? 또 인터넷의 발달로 더 이상 외국 언론의 중국 침투를 막지 못하는 한계를 인정함에 따라 어떤 제도로 규제하고 이데올로기적인 변질을 막을 것인가 하는 문제이다.

그러나 아직도 온전한 신문법, 혹은 언론법이 제정되지 않아 신문 발전에 법적인 담보가 없다. 국가 유관 부문에서는 2010년 이전에 출판법, 신문법, 저작권법을 제정할 계획을 가지고 있으나 이것은 6~7년 후의 일이다. 현재로서는 신문 법규나 규정이 거의 대부분 행정 관리에 관한 것들로서 신문 활동 중의 권리와 의무 관계에 대한 전문적인 법률, 법규에까지 미치지 못하고 있다.[136] 이것은 중국에게는 대단한 고민거리이다. 이밖에 신문 경영 인재가 부족, 관리, 취재, 편집, 인쇄, 발행 등 면에서 현대적인 지식과 기술의 제고도 들 수가 있다.

제3절 자본주의 언론의 산업화와 부작용

1. 자본주의 언론기업의 이윤추구의 당위성

한 나라의 언론기관의 소유가 국가소유인가, 자본가소유인가, 아니면 공공의 소유인가에 따라 한 나라의 미디어제도의 특성이 보다 뚜렷이 부각되어진다. 왜냐하면 신문에 대한 국가소유, 자본가소유, 공공의 소유양식은 커뮤니케이션의 구조와 생산양식을 최종적으로 결정하는 요소이기 때문이다[137].

---

136) 박용수, 상게서, 150쪽.

이와 같은 시각에서 볼 때 자본주의 사회에 있어서 미디어 소유형태
는 사회주의 국가나 전체주의 국가와는 달리 현실적으로 자본가의 소
유형태임이 분명하다. 자본주의 사회에 있어서 미디어소유형태의 특징
이 자본가의 소유라고 할 때 미디어의 존립은 필연적으로 경제적인 토
대위에서 이루어지는 것이고 그것은 바로 상업주의적 성격을 벗어날
수 없다는 것이 된다. 이와 같은 성격은 그래함·머독(Murdock
1982)의 말을 빈다면 모든 커뮤니케이션기업 소유자들의 기본 관심사
는 그들 기업의 이윤을 증대하게 되는 것이 된다. 간햄(Garnham
1979)은 이상과 같은 맥락에서 미디어를 상품생산과 교환 그리고 광
고를 통해서 잉여가치를 창조하는 경제적인 실체로 보고 있다. 따라서
경제적인 이윤이 증대야 말로 문화적인 생산형태와 문화내용의 질과
범위를 결정하는 최우선적인 작용요인이 된다. 따라서 상업주의적인
미디어는 사회적인 목적과 그들의 경제적인 목적이 서로 충돌할 경우
항상 전자를 희생시키고 후자를 선택하게 되었다.

자본주의산업의 기본목표는 자본을 투자하여 절대적인 잉여가치를
창출하는데 있는 것이며 이것이 자유경쟁이라는 자본주의 시장원리
를 통해서 달성되는 것이기 때문에 이 과정에서 자본주의 산업의
집중과 독점이 이루어지는 것과 같이 자본주의 사회의 하부체제인
언론기업도 다른 산업기업과 마찬가지로 영리추구의 토대위에서 상
품으로서의 정보를 생산하고 판매하기 때문에 필연적으로 집중화 현
상과 독점화 현상을 낳게 한다.

이 같은 집중과 독점화 현상은 1930년대 이후에 더욱 가속화되었
다. 예컨대 미국의 경우 가넷(Gannet)그룹 등 상위 20대 신문 그룹이
무려 571개의 일간지를 소유하고 있으며 영국의 경우 1995년 언론재
벌 머독(Murdoch)의 뉴스인터내셔널(News International)그룹 등

---

137) 김승수, "커뮤니케이션, 독점자본과 사회관계", 김상호, 이원락(편역),
현대자본주의와 매스미디어, (미래사, 1986) p.60

상위 4대그룹이 더 타임스(The times) 등 14개 주요 신문들을 소유하
고 있는데 이들 그룹은 전국지 시장의 80%를 점유하고 있다[138].

2. 신문기업경영의 형태

일반적으로 신문의 집중과 독점화 현상을 기업경영의 형태의 측
면에서 볼 때 복합기업과 다각경영으로 나눌 수가 있다. 복합기업을
다음과 같이 분류할 수가 있다.

첫째, 하나의 신문사에서 복수의 신문을 제작, 발행하는 형태의
복합기업을 말한다. 이런 결합은 조간지와 석간지, 조간지와 주간지,
혹은 일요지, 석간지와 주간지, 월간지의 결합 등 여러 가지 형태를
들 수가 있다.

두번째, 종류의 복합기업은 객지에서 다수의 신문을 발행하고 있
는 기업이다. 이 경우는 2, 3개의 지방 체인과 같이 비교적 좁은 지
역에 밀집해서 발행하고 있는 경우와 국내 가지의 도시에 널려 분
산해서 발행하고 있는 경우이다.

한편, 다각경영은 몇 개의신문, 잡지를 발행하고 있는 기업이 아
니라 각종 분야에 투자를 하는 기업을 말한다. 복합지 소유도 어떤
점에서 다각경영의 일면에 지나지 않는다고 볼 수가 있다. 신문사들
이 신문제작업무와 직접적으로 연관 있는 기업을 운영하거나 혹은
신문이나 출판과 아무런 관계가 없는 기업을 경영하거나 투자 할
수도 있다[139].

언론매체의 집중형태를 수평적 집중, 수직적 집중, 대각선적 집중

---

138) 《신문의 소유구조와 정책-외국의 현황과 한국의 진로》, (한국 언론연
    구원 1997). pp.21-24, pp.74-78

139) 이강수, "한국 신문기업의 상업주의적 성격", (사회과학, 성균관대학
    교, 제 28권 2호) p.89.

등 3가지로 구분할 수가 있다.

수평적 집중은 동일한 성격을 갖춘 생산품을 제조하는 기업들간의 집중을 뜻하는 것으로서, 신문경영인은 신문뿐만 아니라 잡지, 문고 인쇄, 출판업은 물론 지어는 라디오 텔레비전에 이르기까지 다양하게 집중되는 경우를 가리킨다. 한국의 언론매체에 있어서 거의 수평적 집중관계를 유지하였고 또한 현재도 그러하다고 볼 수가 있다.

수직적인 집중은 원자재를 생산하는 기업과 그 원자재로 완제품 을 생산하는 기업이 서로 집중 관계 하에 놓여지는 현상을 말한다. 즉, 예를 들면 종이나 잉크 혹은 방송에 필요한 전기전자제품을 생 산하는 기업과 신문 혹은 방송과 같은 완제품(전달내용)을 생산하는 기업이 서로 수직관계 하에 놓여지게 됨으로써 실천적인 집중관계에 처하게 된다는 것이다.

대각선집중이란 기업간에 서로 직접적인 연관성을 갖고 있지 않 는 기업들이 하나의 모체기업을 중심으로 집중되어지는 것을 말한 다. 집중된 각개의 기업들은 독자적인 경영노선을 택함은 물론, 생 산제품이나 취급경영도 서로 연관성을 갖고 있지 않는다. 다만 이윤 극대화를 위한 상호지간의 긴밀한 유대관계는 항상 유지 된다.

대각선 집중은 기존의 기업을 인수하여 집중시키거나 아니면 새 로운 분야를 독자적으로 개척함으로써 집중의 폭을 확대하는 경우가 있다. 대각선 집중 상황아래에서 언론매체는 한낱 모체기업의 시녀 역할을 하게 된다는 것이다[140].

현재 언론기업은 각종 매체간의 경계를 넘나들면서 거대 매체 복합 기업으로 발전하기도 한다. 예컨대 영국의 경우 대표적인 신문그룹인 뉴스인터내셜(News International)과 미러그룹(Mirror Group)은 상업방송인 ITV, 위성과 케치블방송 등에 주식을 투자하고 있고 데일

---

140) 김경근, 《언론현상과 언론정책》, (법문사 1984) pp.72-177

리 메일 앤 에소시에이티드 뉴스페＋이퍼스((Daily Mail & Associated Newspapers) 등 다른 그룹들도 TV방송, 라디오, 출판사, 프로덕션, 지방신문사 등을 소유하고 있다141).

복합기업(conglormerate)이란 소유형태는 1970년대부터 1980년대에 걸쳐 왕성하게 진행된 기업소유의 방식이다. 이는 전혀 업종이 다른 산업체와 미디어 산업체가 합병하는 형태를 말한다(Hiebert, Ungurait and Bohn, p.141. 정재철, 미국신문연구 커뮤니케이션북스, 2002 p,125 재인용)

1966년 정유회사 걸프 웨스턴(Gulf Western)사가 파라마운트(Paramount)영화사를 구입한 뒤 1989년 파라마운트커뮤니케이션사가 탄생하였다. 이 복합기업은 담배, 전선줄, 자동차 부품, 악기, 탄광, 보험, 책, 영화사, 프로야구팀, 프로아이스하키팀, 캐나다 영화배급사를 소유하기도 하였다. 또한 공중파 TV방송국 NBC는 빌 게이츠의 MS사와 전자회사 재너럴 일렉트릭(Genearal Electric)과 합병하였다. 가전제품회사 웨스팅하우스(Wesringhouse)사는 CBS와 합병하였으며 ABC는 월트 디즈니(Walt Disney)영화사와 합병하였다. 정통언론매체인 워싱톤 포스트와 뉴욕타임스도 케이블 TV와 서적, 레저산업에 진출하고 있다. 이에 뒤질세라 고급시사주간지 타임은 영화사 워너브라더스(Warner Brothers)와 합병하여 미국굴지의 매스컴레저 기업인 타임워너를 형성하였다. 이처럼 업종에 관계없이 미디어 산업체가 석유, 가전회사 등과 한 회사가 되는 것을 말한다142).

복합기업은 국내만으로 시장이 한정되지 않는다. 다양성의 경제, 혹은 경영의 상승효과를 모색하는 복합기업은 전 세계를 넘나들게 있다. 머독의 뉴스코페레이션이나 일본의 소니나 마츠시다가 그 보기로 된다.

---

141) 《신문의 소유구조와 정책-외국의 현황과 한국의 진로》, (한국 언론연구원, 1997), pp.81-83
142) 정재철, 《미국신문연구》, (커뮤니케이션북스 2002), p.125

이렇듯 복합기업화 현상이 나타나는 것은 사업계획을 통해 새로운 이익 창출 영역을 개발하고 경제적으로 위험부담을 분산시키기 위한 것이다. 그러나 이로 인해 언론의 다양한 영역이 소수의 언론그룹에 의해 지배되는 문제를 발생하게 된다. 다각 경영의 또 다른 목적은 경제적인 시너지 효과를 거둘 수가 있다는 것이다. 신문에 보도된 뉴스에 일정한 수정을 가해 지방신문이나 잡지에 실을 수도 있고 하나의 뉴스를 공중파 방송과 위성과 케이블을 통해 동시에 방영할 수도 있다. 그러나 이는 여러 출구에서 동일한 뉴스가 반복적으로 전달된다는 점에서 언론의 다양성을 저해한다는 요인으로 된다143).

언론매체의 집중은 정보자체까지도 집중할 수 있다는 것이다. 다시 말해서 언론매체가 취급하는 정보가 집중된다는 것은 사회 커뮤니케이션을 획일화시킨다고 말할 수가 있는데 이는 곧 인간의 의식 구조 자체를 획일화시킨다는 결론에 도달한다.

3. 한국 언론의 산업화와 부작용

일반으로 한국 언론의 육성은 제 3공화국으로부터 비롯된다. 쿠테타에 성공한 박정희 정부는 1962년 6월 28일 언론에 대한기본 방침을 발표하였다. 언론의 윤리와 책임 강조, 언론인의 품위와 자질 향상, 신문체제의 혁신, 언론 정화, 언론기업의 육성 대책 강구 등 5개항이 그것이다.

---

143) 한동섭, "언론의 공적 목적과 사영 산업적 운영논리간의 모순에 관한 연구", (한양대사회과학논총 19집), p.120

<표 9> 1980년 한국 언론통폐합전 주요 매체 수평적 집중 분포

매 체 명	매 체 형 태	
문 화 방 송 경 향 신 문	인쇄매체	경향신문, 정경연구, 우리들, 주간경향.
	방송매체	라디오, TV, FM.
	광고업무	연합광고.
동 아 일 보	인쇄매체	동아일보, 신동아, 여성동아, 소년동아.
	방송매체	동아방송.
서 울 신 문	인쇄매체	서울신문, 선데이서울, 소년서울, 주간스포츠.
	방송매체	
조 선 일 보	인쇄매체	조선일보, 주간조선, 소년조선, 산.
	방송매체	
중 앙 매 스 컴	인쇄매체	중앙일보, 주간중앙, 월간중앙, 여성중앙, 소년중앙, 계간미술, 학생중앙, 삼성문고, 중앙문예.
	방송매체	라디오, TV, FM.
	광고업무	제일기획.
내 외 경 제	인쇄매체	내외경제, 해외경제정보.
	통신업무	무역통신.
국 제 신 보	인쇄매체	국제신보.
	방송매체	부산문화 TV.
매 체 명	매 체 형 태	
부 산 일 보	인쇄매체	부산일보.
	방송매체	부산문화방송 라디오, FM.
충 청 일 보	인쇄매체	충청일보.
	방송매체	청주문화방송.
합 동 통 신	통신업무	합동통신.
	광고업무	합동광고.
대 전 문 화 방 송	인쇄매체	
	방송매체	대전문화 라디오, 대전문화 TV.
동 양 통 신	통신업무	동양통신.
	방송매체	대구문화 라디오, 대구문화 TV.

※ 출처: 김경근 언론현상과 언론정책, 법문사 1984, pp.172-173 재인용

<표 10> 1980년 언론통폐합 이후 한국 주요 언론매체의 수평적 집중분포

매 체 명	매 체 형 태
경 향 신 문 사	주간경향, 정경문화, 레이디경향, 소년경향, 사상과 정책.
동 아 일 보	소년동아일보, 신동아, 여성동아, 스포츠동아, 음악동아.
서 울 신 문	선데이서울, 주간스포츠, TV 가이드.
조 선 일 보	소년조선일보, 주간조선, 월간조선, 산, 월간낚시.
중 앙 일 보	주간중앙, 소년중앙, 여성중앙, 학생중앙, 문예중앙, 계간미술, 영레이디, 중앙신서, 이코노미스트.
한 국 일 보	일간스포츠, 소년한국일보, 주간한국, 주간여성, The Korea Times, 스포츠 레저.
매일경제신문	주간매경
한국경제신문	Harvard Business
Korea Herald	Korea News Review, Courrier de la Core.

※ 출처: 김경근 언론현상과 언론정책, 법문사 1984, p.173 재인용

박정희 정부의 언론기업 육성은 크게 두 가지로 나누어진다. 첫째
는 언론기업의 경영 여건을 개선하고 지원하는 것이고 다음은 언론
기업의 집중화를 정책적으로 지원하는 것이다. 정부는 언론 기업이
여러 매체를 겸영하는 것을 허가했다. 신문사가 주간지나 주간 잡지,
월간지 창간을 허용하였고 또 인쇄매체와 전자매체의 겸영도 허가하
였다. 동아일보에 라디오 방송국을 허가하는가하면 이미 방송 산업
에 참여한 삼성에 《중앙일보》창간도 허용했다. 문화방송에도 《경향
신문》의 겸영을 허용했다. 또 언론사가 타업종 진출도 지원하였고
아울러 대기업이나 재벌이 언론사를 소유하는 것도 허용했다. 1960
년대에 언론사는 광고업, 레저산업, 제지업, 운송업, 호텔업, 문화사
업 등에 활발히 참여를 하였으며 정부는 금융지원 등으로 이를 지
원했다. 대기업도 언론사업에 적극참여 하여 언론사를 소유하거나
주주로 참여한다. 삼성그룹이 중앙일보나 동양방송을 소유한 것이
그 상징적인 예이다144)

서구의 경우 언론의 산업화가 주로 경제적인 논리에 의해 이루어 졌다고 한다면 한국의 경우는 경제 주의적 논리와 함께 국가가 지 대한 영향력을 행사하게 된다. 1960년대 중반부터 경제발전계획이 진행되면서 독점자본이 빠르게 발전하게 되었고 이러한 자본이 미디 어 영역에 유입되면서 언론의 산업화가 급격히 이루어지기 시작하였 다. 경제발전은 또한 언론시장의 확대와 광고시장의 발전을 이끌어 내면서 언론의 산업화에 기여를 하게 된다. 다른 한편 국가는 정치 이데올로기적 목적을 위해 언론영역에 개입했는데 이는 언론기업여 건의 개선, 언론기업에 대한 집중화 지원 정책, 언론통폐합 등 강압 을 통한 인위적 독점구조와 살아남은 언론사들에 대한 강력한 특혜 로 나타나면서 소수언론의 급격한 산업적 발전을 추동하게 된다. 결 과적으로 한국의 언론영역은 단기간에 소수재벌기업과 언론사를 모 기업으로 한 언론재벌들을 중심으로 집중 된다145). 이들 언론들은 한국 언론시장을 독점하고 있다. 예를 들어 1996년 현재 상위 5개 신문(조선, 동아, 중앙, 한국, 경향)이 전국시장의 82%를 점유하고 있다. 한국의 경우 더욱 문제가 되는 것은 주요언론이 일부를 제외 하고는 개인과 가족중심으로 친인척 방계회사, 임직원에 의해 거의 배타적으로 장악하고 있다는 사실이다. 예를 들어 한국일보는 장씨 일가가 99.7%의 주식을 소유하고 있으며 조선일보는 90.3%의 주식 이 방씨 일가에게 동아일보는 67.61%가 김씨일가에게 소유되었다.

---

144) 김민환, 《한국 언론사》, (나남, 1996), pp.475-478
145) 임동욱, 김왕석, 《한국언론의 정치경제학》, (아침,1990), pp.157-256 참조

<표 11> 한국매체복합화의 지형

모자본	정보계열사업	매체복합사업
삼 성	신문(중앙일보)	CATV(캐치원, Q채널)
	잡지(13종)	뉴미디어
	출판	광고(제일기획, 제일보젤)
	전광판뉴스	연예오락(삼성영상사업단, 명보플라자 임대)
		언론재단(삼성언론재단)
		극장 및 공연업
현 대	신문(문화일보)	CATV(현대방송)
	잡지	뉴미디어
	출판	광고(금강기획)
	전광판뉴스	연예오락(현대음향, 금강기획)
		극장 및 공연업
한 화	신문(경향신문)	광고(한컴)
	잡지(2종)	
L G	방송(부산MBC, 27.7%, 진해MBC, 15%)	CATV(한국홈쇼핑)
		뉴미디어(LG텔레콤)
		광고(엘지애드)
		연예오락(LG미디어)
		언론재단(상남언론재단)

모자본	정보계열사업	매체복합사업
대 우	신문(부산매일, 부산경제)	극장 및 공연업 CATV(대우시네마네트워크) 뉴미디어 연예오락(세음미디어)
조 선 일 보	신문(조선일보, 스포츠조선, 소년조선, 중학생조선일보) 잡지(5종) 출판 전광판뉴스	뉴미디어(디지틀 조선일보) 인쇄(조광인쇄소) 오락(골프장, 호텔)
동 아 일 보	신문(동아일보, 소년동아) 잡지(6종) 출판 전광판뉴스	뉴미디어(마이다스)
한 국 일 보	신문(한국일보, 일간스포츠, 서울경제, 코리아타임스, 소년한국) 잡지(5종) 출판 전광판뉴스	뉴미디어
정 부	신문(서울신문, 스포츠서울) 잡지(3종) 전광판뉴스	오락(미스코리아선발대회, 한주관광) 방송(KBS, EBS, KTV, (주)방송영상) 뉴미디어 광고(한국방송광고공사) 연예오락: 골프장업(뉴서울CC)

※ 출처: 김승수 "한국산업의 집중과 정책적 대안에 대한 연구" 한국 언론학보 제39호 1996, p.209 재인용

　한국의 경우도 다각경영은 보편적인 현상이다. 우선 한국의 언론 기업들은 매체 및 매체관련 산업 외에도 매체산업과 무관한 영역까지 자본을 투자하고 있다는 것이다. 예컨대 조선일보는 호텔업을 하고 있고, 동아일보는 삼양사 경방그룹의 모기업이며 한국입보는 한

국조림(부동산 임대업) 등 10개의 계열사를 거느리고 있다. 이는 언론의 전문성을 살리기보다 언론이라는 정치사회적 권력과 영향력을 동원해 타 업종에서 이익창출을 하는 것이 자본축적에 보다 도움이 되기 때문이다. 또 다른 차이점은 현재는 비난여론 속에 대부분이 모기업과 분리되어 있으나 매체산업과 무관한 재벌기업이 언론영역에 자본을 투자하는 경우도 일반적 있었다는 것이다. 예를 들어 현대그룹은 문화일보를, 삼성그룹은 중앙일보를(현재는 보광그룹의 대주주인 홍석현이 지배주주임), 그리고 한화그룹은 경향신문을 소유하고 있었다. 재벌기업이 언론을 소유하는 데는 다각경의 일반적인 목적과 더불어 언론을 통해 모기업이나 사주의 이익을 대변하기 위한 목적도 있었다. 예컨대 문화일보는 현대그룹의 총수인 정주영회장의 대선출마와 때를 같이 해 창간되어 그의 선거캠페인에 여러 가지로 기여했다. 그들은 재벌관련 사안과 관련해 친재벌적 논조의 한 목소리를 내는 것이 상례였는데 이를 통해 친재벌적인 여론을 조성하거나 친재벌적인 정책을 입안하도록 압박을 가했다. 이러한 필요 때문에 재벌기업들은 중앙일보를 제외하고는 대부분 만성적자에 시달려 왔음에도 불구하고 계열언론사의 분리를 주저하는 모습을 보이기도 했다146).

김승수는 한국과 미국, 영국 등의 매체소유는 공통성과 상치성이 공존한다고 했다. 공통점은 신문을 비롯한 매체가 소수의 거대 자본에 집중된다는 것과 사주권력을 견제 할 세력이 없다는 점이다. 다른 점은 한국의 경우 신문기업의 독점적 소유가 문제로 부각되는 반면 미국 등에서는 경쟁이 심해서 특정한 매체 몇 개가 여론시장을 지배하지 못하는 대신에 거대한 자본이 문어발식으로 매체를 소유함으로써 생기는 시장 집중이 논란거리이다. 그리고 한국에서는

---

146) 한동섭 위의 논문, p.121

여론시장이 조중동의 손에 집중되어 있는 반면 미국 등은 제너럴일
렉트릭 등 산업자본, 시티은행 등 금융자본이 매체에 상당한 지분을
갖고 있다고 하였다147).

<표 12> 한국 주요 신문별 주식소유자의 보유지분

신 문 사	주식소유자	지 분
경향신문	김승연 외	99.98
문화일보	정주영 외	99.90
한국일보	장재국 외	99.70
국제신문	신격호 외	96.20
조선일보	방우영 외	90.73
중앙일보	이건희 외	67.78
동아일보	김병관 외	67.61

※ 출처: 김승수 "한국산업의 집중과 정책적 대안에 대한 연구" 한국언론
학보 제39호 1996, p.200재인용

<표 13> 한국 주요 일간지의 소유권

자본의 성격	소유 자본	신 문 사	지분(%)
독점자본	삼성그룹	중앙일보	70.4
		현대경제일보	9.3
		경남신문	0.4
독점자본	현대그룹	문화일보	100.0
		현대경제일보	28.9
		내외경제-코리아헤럴드	4.4
		경남신문	0.4
독점자본	한화그룹	경향신문	99.8
		한국경제신문	0.1
		경남신문	0.1

---

147) 김승수, "신문소유에 대한 비판적인 연구", (한국언론학보 46-2), p.127

자본의 성격	소유 자본	신 문 사	지분(%)
독점자본	대우그룹	부산매일/부산경제	
		한국경제신문	0.8
		경남신문	0.4
독점자본	LG	전자신문	3.6
		한국경제신문	0.2
		경남신문	0.4
독점자본	선경그룹	한국경제신문	8.0
		경상일보	3.7
		경인일보	0.6
독점자본	롯데그룹	국제신문	96.0
		내외경제-코리아헤럴드	2.2
		경남신문	0.2
		한국경제신문	0.2
언론자본	인촌기념회	동아일보	
언론자본	조선일보그룹	조선일보	
언론자본	한국일보그룹	한국일보	
국가독점자본	정 부	서울신문	
종교자본	재단법인순복음선교회	국민일보	
종교자본	세계기독교통일신령	세계일보	
	협회유지재단		
국민자본	국민주(61,911명)	한겨레신문	

※ 출처: 김승수 "한국산업의 집중과 정책적 대안에 대한 연구" 한국 언론학보 제39호 1996, p.199 재인용

　　미국은 전통적으로 지방지 위주의 신문구조를 가지고 있다. 일본이나 영국 등은 전국지 위주의 신문구조를 가지고 있는 나라들은 1000만 부에 가까운 발행부수를 자랑하는 거대 신문이 존재한다. 그러나 미국의 신문은 전국지라 하더라도 고작 100만 부를 상회하는 것이 보통이다. 1996년 미국신문총수 1,520개중 5만 부 이상을 발행하는 신문은 겨우 231개로 전체의 15.1%에 불과하다 나머지 85%의 신문은 5만 부 미만의 발행부수를 갖고 있는 소규모 신문들이다.

<표 14> 발행부수로 본 미국 20대 일간지 현황

신 문 이 름	발행부수
The Wall Street Journal	1,783,532
USA Today	1,675,091
The New York Times	1,071,120
Los Angeles Times	1,029,073
The Washington Post	789,198
Daily News, New York	734,277
Chicago Tribune	680,535
Newsday	564,754
Houston Chronicle	534,348
Chicago Sun-Times	469,030
San Francisco Chronicle	486,977
The Dallas Morning News	478,181
The Boston Globe	471,024
New York Post	429,642
The Philadelphia Inquirer	427,175
The Star-Ledger	405,869
Star Tribune, Minneapolis	393,740
The Pain Dealer, Cleveland	386,256
The Arizona Republic	382,122
San Diego Union-Tribune	372,081

※ 출처: Newspaper Association of America, Facts About Newspaper, 1997, p.20, 정태철 미국신문연구, (커뮤니케이션 1999), p.138 재인용

그러나 지방지 중심소규모 신문중심의 미국신문은 소유가 집중되어 있다. 그래서 개개의 신문은 작아 보이지만 모기업의 규모는 결코 작지 않다. 그것은 미국신문은 적극적인 기업 합병, 인수를 통해서 독과점 체제를 이루고 "다양한 경제"를 실현하기 때문이다. 미국의 신문시장은 그룹이나 신문체인이 장악하였다 해도 과언이 아니다. 1971년에는 161개의 신문체인이 전체신문의 44.5%인 777개의 신문을 소유하였다. 그 후 1981년에는 150개 체인이 전체 신문수의

58.9%에 해당되는 1,028개의신문을 소유하고 있었다. 이것이 1992
년에는 117개의 체인이 전체 신문의 65.3%에 해당되는 1,035개의
신문을 소유하고 있는 것으로 나타났다[148].

<표 15> 미국 20대 신문재벌의 보유일간지 수와 발행부수 현황

신 문 재 벌 명	일간지 발행부수의 합	보유 일간지수
Gannet Co. Inc.	5,840,635	92
Knight-Ridder Inc.	3,420,018	31
Newshouse Newspapers	2,811,832	25
Dow Jones & Co. Inc.	2,361,445	20
Times Mirror Co.	2,314,303	9
The New York Times Co.	2,278,094	21
The Hearst Newspapers	1,743,510	12
Thompson Newspapers Inc.	1,338,567	65
Hollinger International	1,283,192	105
Tribune Co.	1,270,623	4
E. W. Scripps Co.	1,216,475	17
Cox Enterprise Inc.	1,169,365	17
MediaNews Group	1,037,597	25
Freedom Communications Inc.	960,804	26
McClatchy Newspapers	959,766	10
The Washington Post Co.	843,093	2
Central Newspapers	810,783	8
Coperly Newspapers	802,344	12
Media General, Inc.	780,333	20
Morris Communications	759,777	32

※ 출처: Newspaper Association of America, Facts About Newspaper,
1997, p.22, 정태철 미국신문연구, (커뮤니케이션 1999), p 140 재인용

---

148) 장원호, 《미국신문의 위기와 미래: 21세기 한국 신문의 과제》, (나남,
1998) p.30)

맥매너스(John H. McManus, 1994) 상업성을 근본적인 동력으로 움직이는 언론을 시장중심언론(market-driven jounalism)이라고 불렀다. 시장중심의 언론의 핵심논리를 자유시장의 원리와 광고로 보고 있다. 보가트(Leo Bogart, 1991)는 방송사 재정의 100%, 신문사 재정의 5분의 4, 잡지사 재정의 2분의 1을 광고가 차지하고 있으므로 미디어는 공공 계몽의 미디어가 아니고 오히려 광고전달의 미디어라고 보고 있다. 이는 미디어가 자본주의사회에서 상품을 유통시키는 거대 광고시스템의 일부라는 의미이다. 또한 이는 오히려 미디어의 고객은 시민 수용자가 아니라 기업광고주라는 의미이다. 보가트는 근본적으로 광고가 미디어의 생사 권을 쥐고 있는 것이 시장중심의 언론의 요체라고 한다. 언론이 자유시장의 원리에 따라 움직이고 그 생산과 분배구조가 일반 상품의 경제구조와 비슷하게 파악되기 시작하면서 많은 언론학자들은 언론의 본질이 변하고 있음을 발견한다. 먼저 기자들은 뉴스가치는 기자들이 결정한다는 전통적인 소신에서 인제는 독자가 뉴스가치를 결정하고 기자는 이를 충실히 받아들일 수밖에 없다는 현실을 인정하게 되었다. 뉴스가 될 확률은 독자와 광고주에 어필하는 정도, 보도했을 경우와 안 했을 경우의 비용 득실에 의해 결정되고 있다[149]. 예컨대 시장성은 낮아도 국민들이 꼭 알아야 할 비싼 뉴스를 과연 시장중심의 언론은 어떻게 취급할 것인가? 이처럼 시장중심의 언론은 언론 본연의 기능을 근본부터 다시 생각하게 된다.

---

149) 정재철, 《미국신문연구》, (커뮤니케이션북스, 2002), p.137

제4절 소 결

현 단계에서 중국의 신문 집단은 정부의 정책적 주도와 국내외의 경제환경(중국의 경제발전과 WTO의 가입)과 신문의 외부시장의 비포화상태와 내부공간의 확장여지로 경제적으로 성장할 수가 있으며 또 신문의 산업화는 더욱 가속화 될 것이다. 그러나 신문 집단은 중국 신문실천 중에서 신생사물로서 초기단계이고 중국 사회도 시장경제체제를 점차 완성하는 과정이다. 때문에 신문 집단이 성장 중에서 필연적으로 여러 가지 문제점이 존재한다. 그 주요한 표현은 행정개입과 시장발전의 모순, 시장 속에서 언론의 불공평경쟁, 그리고 외국 언론 산업의 진출과 불완전한 규제제도 등이다.

특히 시장경제의 초기 단계에서 중국신문의 집단화는 경영의 효율성을 기할 수 있다는 장점이 있으나 언론집중에 따른 부작용에 대해 고려해야 한다. 시장경제를 먼저 경험한 자본주의 국가의 언론은 점점 소수의 자본가에게 집중되어 언론의 다양성을 저해하고 또 기업이나 이익집단의 시녀로 전락이 될 위험성이 크고 언론내용이 점점 경제적 가치를 창출할 수 있는 내용으로 변해가는 등 부작용이 따른 다는 것을 알 수가 있다. 물론 중국의 언론은 자본주의 사회처럼 신문을 비롯한 언론이 소수의 개인이나 기업에 집중되지는 않는다. 그러나 언론들이 기타 업종에 진출한다는 것은 언론이 기타 사회조직과 더욱 직접적인 이해관계가 형성된다는 것을 말한다. 그러면 언론은 독립성과 공정성을 잃어버릴 우려가 있다. 또 지나친 시장언론의 추구는 경제적으로 가치를 창출할 수 있는 정보를 중심으로 지면 구성이 이루어지게 되고 사회적 약자들이 자신의 입장을 대변할 수 있는 기회가 줄어들게 되며, 정확한 여론향도보다는 독자들을 극대화시킬 수 있는 공통 분모적 내용을 주로 다루게 된다.

한 사회의 각 부문과 제도들은 나름대로 그 사회에서 요구하는 일정한 역할이 있다. 그리고 그러한 역할을 가장 효과적으로 수행하기 위해서는 그 역할이 적절히 수행해 낼 수 있는 운용논리가 있어야한다. 경제적 효율성을 추구하는 산업논리는 사회의 여러 부문에서 그 부문에 요구되는 목표를 수행 할 수 있는 적절한 논리가 되고 있다. 그러나 사회의 다른 여러 부문에는 산업논리가 적절한 운용원리가 될 수가 없다. 예를 들어 교육부문이나 법정, 그리고 종교부문이 추구하는 것은 경제적 가치 창출이 아니라 사회성원들의 계몽과 인성교육, 정의, 인간의 구원 등으로 산업논리와는 부합되지 않는 가치들이다.

이는 언론도 마찬가지이다. 언론의 사회적 기능을 다양하고 양질의 사회문화적 정치적 정보를 제공하고, 강자를 견제하고 약자를 보호하며, 사회적 공론을 형성할 수 있는 논의의 마당을 만들고 이를 통해 비판할 것은 비판하고 대안을 제시 할 것은 제시하는 것이라 할 때 산업논리는 그 운용원칙으로 적절하지 못하다. 경제적인 효율성만을 추구하게 되면 경제적으로 가치를 창출할 수 있는 정보를 중심으로 지면 구성이 이루어지게 되고 사회적 약자들이 자신의 입장을 대변할 수 있는 기회가 줄어들게 되며, 논쟁보다는 독자들을 극대화시킬 수 있는 공통 분모적 내용을 주로 다루게 된다. 또 소수의 언론자본가들에게 언론이 장악되고 정치권력과 결탁이 이루어질 수도 있다150).

중국 신문의 집단화 경향은 시장의 논리와 더불어 정부정책의 주도하에서 이루어졌다. 또 현재는 집단화 경향의 초기 단계이다. 때문에 타국의 언론을 타산지석으로 삼아 언론이 분명한 기능을 수행하기 위한 적절한 제도를 개발하고 정책을 시행한다면 사회적인 효율과 경제적인 효율이 조화를 이룰 수 있는 언론을 창출할 수 있는 기회이기도 하다.

---

150) 한동섭, 위의 논문 pp.130-131

제6장 결 론

제1절 연구결과의 요약

1. 중국의 黨報이론과 언론정책

중국 공산당의 黨報이론은 1910년 말 20년대에 마르크스 레닌주의 언론사상의 유입과 1920-1940년대 초 중국 공산당 신문실천을 통해 40년대 연안 정풍운동과 解放日報 개혁을 통해 형성되었다. 이 시기에 중국 공산당은 당보의 성질, 당보의 특성, 당 조직과 당보의 관계에 대해 천명하면서 당보의 당성원칙을 명확히 제기하였다, 당성은 계급성의 집중적인 체현이며 당성원칙을 견지하는 것은 당보사업의 핵심이며 영혼이다. 또 이론과 실제를 결부시키고 군중과 밀접히 연계하여 전당이 신문을 꾸리고 군중이 신문을 꾸리며 비평과 자아비평을 결부시키는 당보의 공작 방법을 제시하기도 하였다. 사실상 중국사회주의 언론의 3대 원칙인 당성원칙, 군중성 원칙, 지도성원칙은 이 시기의 당보이론에서 뿌리를 찾을 수가 있다.

그러나 이런 원칙은 시장경제도입 전에는 중국의 특수한 정치적인 환경과 사회적인 환경에서 당성원칙과 지도성원칙만이 부각되고 군중성원칙은 소외되었다. 건국 초기 중국의 언론은 비평과 자아비평, "百花齊放, 百家爭鳴"을 강조하면서 언론의 활력을 증강시키고 언론의 사회, 정치의 감독기능을 가능케 하였다. 그러나 이런 현상은 얼마 가지 못하고 반 우파투쟁 정치운동과 대약진 운동으로하여 신문은 진실성과 정당성을 상실하고 심각한 주관주의에 빠졌다. 특히 문화대혁명 기간에는 언론이 본연의 기능을 완전히 상실하고 계급투쟁의 도구로 지어는 권력투쟁의 도구로 전락되었다.

시장경제도입이후 중국은 實事求是 노선을 취하고 사업의 중점을 경제건설로 옮기었다. 實事求是 노선은 언론정책에 미친 제일 중요한 영향은 바로 언론과 경제체제간의 새로운 관계를 설정한 것이다. 고도집중의 계획경제 시기에는 언론매체가 오직 단순히 상부구조로 간주되었고 정치투쟁, 계급투쟁의 중요한 도구로 사용되었다. 과거 언론이 정치를 중심으로 해서 기능했지만 오늘에 있어서는 정치와 경제를 중심으로 해서 그의 기능을 수행하여야 한다. 언론 고유의 당의 선전도구 기능을 제외하고 하나의 서비스 상품으로서 가져야 하는 능동성, 적극성과 창조성에 대한 강조는 개혁개방 이후 중국 언론정책 제정의 새로운 중심이 되었다. 이를 테면 언론의 진실성, 객관성, 및 시의성은 개혁개방 이후 언론정책이나 언론개혁에서 늘 강조되는 주요한 문제이며, 언론의 객관적인 규율을 확보하기 위해 언론의 비평과 자아비평의 기능의 회복도 새 시기 언론정책이 강조하는 중점이다. 그러나 언론이 당과 인민의 喉舌이고, 당성 원칙을 견지하고, 언론은 반드시 사회주의를 위해 봉사해야 한다 라는 것은 역시 언론이 지켜야 할 최고의 준칙이다.

결국 언론사업은 당 사업의 중요한 구성부분이기 때문에 신문을 비롯한 언론은 국가행정조직의 산하기구이면서도 당의 지도를 받는다. 신문은 반드시 명확한 주관부문이 있어야 허가가 되고 각급 행정부문에서 선전의 필요로 하여 기관지를 창간하였기 때문에 신문은 주관부문에 따라 級別이 있다.

2. 중국신문의 시장화

중국 신문의 첫 시장화 실험은 50초에 시작하였으나 그것은 관념상의 변화를 가져오지 못했다. 당시 열악한 경제상황에서 가격인상,

인원의 배치, 발행 등 경제적인 지출을 줄이는데 중점을 두었을 뿐
관리체제를 시장의 수요에 맞게 개변시키는 것은 아니었다. 또 신문
의 선전과 여론향도 역할을 강조하면서 대중의 수요나 대중을 위해
봉사는 데는 소홀했다.

개혁개방 이후 중국 신문의 시장화는 변화된 사회경제환경과 더
불어 관념의 변화와 동반 된 것이다. 신문이 계급투쟁의 수단과 계
급독재의 수단이라는 관점을 비판, 시정하고 신문은 사회여론의 수
단과 정당선전의 수단이라는 관점과 동시에 대중전파매체라는 새로
운 관념을 수립하였다. 과거 신문은 傳播者의 입장에서 출발하여
傳播者를 중심으로, 혹은 傳播者 본위로부터 수용자도 중시하기 시
작한 것이다.

1990년대부터 신문의 산업화 운영을 기본적으로 신문개혁 인식의
틀로 잡았다. 1978년 시작한 신문개혁 과정에서 신문이 시장화를
지향하면서 산업속성은 섬자적으로 강화되었으며 마지막에 "신문산
업"이란 개념이 형성되어 "사업단위, 기업화관리", "一業爲主 多種
經營", "自主經營, 損益自負, 自我約束, 自我發展"생존방식이 나
타났다.

산업화 운영과정에서 신문으로 하여금 점차적으로 정보전달, 정책
선전, 여론향도와 여론감독, 지식전파, 오락제공, 광고를 게재하는
등 다양한 사회역할을 다양하게 발휘하게 한다.

신문이 산업화 운영과정에서 수용자의 뉴스와 정보수요를 만족하
는 것이 신문의 생존과 발전의 기본출발점으로 되었다. 커뮤니케이
션과정에서 수용자의 주체적 지위는 충분한 긍정과 존중을 받게 되
어 커뮤니케이션관계는 과거의 일 방향으로부터 상호역동적인 관계
로 변하였고 신문은 "관점신문"으로부터 점차 "뉴스신문"으로 변화
되었으며, 뉴스가치는 선전가치의 기초로 되어 뉴스가치와 선전가치
의 이중취향은 과거 선전가치의 단일적인 취향을 대체하였다.

관념의 변화와 산업화 운영과정에서 중국신문의 실천방식도 거대한 변화를 가져왔다. 우선 신문의 양적인 증가와 더불어 신문의 전반 구조에도 변화가 생기였다. 廣州日報 신문 집단이 성립되기 전 1995년에는 신문의 수량은 2000여종이 되었으며 신문구조도 단일한 당보로부터 경제 분야 등 업종별 전문지와 도시시민을 대상으로 하는 생활 봉사류 신문이 중국신문의 구조상에서 점하는 비율이 점차 증가하여 신문의 전체적인 체계가 비교적 합리화한 방향으로 변화했다.

다음으로 전통적인 신문업무 방식을 변혁시켰다. 시장경제 하에 경쟁은 신문의 기본생존방식으로 되었다. 더 새롭고, 더 많고, 더 훌륭한 뉴스를 제공하여 수용자의 정보수요를 만족시키는 것이 신문의 생존을 결정하는 것이다. 신문의 경쟁은 뉴스경쟁, 발행경쟁, 광고경쟁, 자본경쟁, 인재경쟁 등 다양한 형태로 전개되었다.

마지막으로 경영관리의 중요성도 인정되었다. 신문이 시장으로 얼굴을 돌리고 또 자주경영, 손익을 자체로 부담하며, 자아약속, 자아발전의 경제실체로 변화되어 신문경영관리의 중요성은 날 따라 두드러지게 나타나고 있다. 그리하여 인쇄경영, 발행경영, 광고경영, 다각경영, 자본경영 등 각종 경영활동이 고도의 중시를 받았으며 경영관리부문의 지위도 신속히 올라갔다.

3. 중국신문 집단의 형성원인과 특점

1996년 중국에서 처음으로 廣州日報 신문 집단이 탄생되었다. 그후 1998년에는 南方日報, 羊城晩報, 文匯-新民晩報, 經濟日報 등과 같은 38개의 신문 집단들이 나타났다. 중국신문이 집단화되는 주요 원인을 살펴보면 주로 다음과 같다.

첫째, 1992년 사회주의 시장 경제의 확립은 신문이 전면적으로 시장에 진출하고 경쟁할 수 있는 이론적인 기초를 닦았다. 시장의 조건하에서 중국 신문의 제일 뚜렷한 변화는 시장경제가 개입함에 따라 경제상황이 신문의 생존과 발전을 가늠한다는 것이다.

둘째, 신문 관념의 변화는 신문 기능의 다양성과 신문의 산업성이 이론적인 확인으로 된다. 개혁개방 후 중국 신문은 시장화를 경험하면서 신문의 다양한 기능을 인정하였고 1992년부터는 신문의 개혁을 매체의 기능이나 내용에 초점을 맞추기보다 매체의 외곽 즉 경영에 비중을 두었다.

셋째, 사회가 정보에 대한 수요이다. 사회의 번영과 발전은 필연코 다양한 정보를 필요로 한다. 또한 시장 경제의 확립으로 사회 여러 영역에서 날로 복잡하고 새로운 현상들이 나타난다. 사람들은 변동이 빈번한 사회 속에서 생존하고 발전하기 위해 여러 가지 정보들에 대한 요구가 더욱 강렬해진다. 신문의 증면은 일정 정도 사회의 수요를 만족시키지만 날로 늘어나는 독자들의 정보 욕구를 만족시킬 수는 없다. 특히 선전을 하나의 중심 과제로 하는 신문에서는 일부 포화 상태에 있는 정보에 대해서는 끊임없이 전달되지만 실질적으로 수요 되는 정보는 흘려버리는 현상이 비일비재하다. 신문 집단의 출현은 정보 공급의 불균형을 효과적으로 해소시킬 수 있다. 여러 개 신문의 유기적인 조합체인 신문 그룹은 하나의 방침 아래 다양한 측면에서 여러 가지 정보를 균형적으로 공급할 수 있을 뿐만 아니라 사회가 특별히 필요로 하는 정보를 계획적으로, 그리고 집중적으로 전파할 수 있다. 이런 분공과 협동은 다양한 독자층을 가지면서 큰 규모 이익을 얻는다.

넷째, 정부에서도 날로 덩치가 커지는 신문을 계속해서 재정적으로 후원할 수 없다 신문이 시장에 진출하면 정부의 재정 부담을 덜어 줄 것은 불 보듯 뻔한 일이다. 신문이 효과적으로 당의 노선, 정책, 방침을 선전하면서도 손익을 자체로 책임지게 되면 정부로서는 일거양득인 셈이다. 때문에 정부도 신문의 양과 구조를 조정하면서 신문이 점차적으로 집단화의 방향으로 나아가도록 신문의 발전 전략을 바꾸었으며 여러 가지 정책적 지지와 함께 신문의 시장 진출을 촉구하여 사실상에 중국의 매체산업으로 되었다.

마지막으로 미디어기업의 전지구화 흐름 속에 대외적으로 빈약한 중국 미디어산업의 경쟁력을 높이고 대내적으로 자국의 문화를 보호하고 사회통합의 새로운 틀을 마련하는 것이 정부의 태도이다.

결국 최근 중국 신문의 집단화 방향은 경쟁이라는 특징을 띠고 있다고 할 수 있다. 앞으로 규모이익을 목표로 하는 신문 집단의 출현과 발전은 필연적이다. 이는 중국 신문 발전에 대한 결과일 뿐만 아니라 경제 체제 변혁과 사회 매체에 대한 관념 변화에 따른 종합적인 산물이다. 그 핵심은 당과 정부의 선전 수요와 사회의 정보에 대한 수요 및 매체의 이윤창출 수요를 만족시키기 위한 것이었다. 따라서 신문은 경쟁을 회피하는 시기부터 경쟁에 뛰어든 시기, 규범화, 집단화의 시기까지 역사적인 과정을 겪게 되었다.

당대 중국 신문 집단은 영향력이 있는 사회주의 신문(주로 당보)을 핵심으로 매체산업 및 매체산업 외연을 성질을 띤 實業을 주체로 기타 비 매체산업 경영실체를 겸용한 매체산업 연합체이다[151]

시장경제 초기에 중국의 신문 집단은 당과 정부의 선전의 수요와 사회가 정보에 대한 수요, 매체의 이윤창출의 수요를 만족시키기 위해 행정 주도형으로 이루어졌다.

중국의 신문 집단의 주체는 당보이다. 신문 집단은 엄격한 설립조건과 정치적인 규정이 있는 것이다. 신문 집단은 당위나 혹은 신문사 위원회를 비롯한 집단지도체제를 가지고 있으면서 편집과 경영을 분리하는 다양한 관리 제도를 도입하면서 시장경제에 적응하려고 한다.

현재 중국신문 집단의 경영 형태는 주로 당보가 몇 개의 시장지

---

151) "建設社會主義現代化報業集團爲中國報業的改革和發展探索新路", 《新聞大學》 1996년 여름호 참조

향적인 자매지를 겸영하는 수평적인 집중이 위주이다. 이런 수평적인 집중은 타 지역(당보 대상지역)을 상대로 할 수가 없다. 그러나 매체 상관 산업인 광고, 인쇄, 정보자문, 발행(보급) 뿐만 아니라 매체업과 상관되지 않는 타 업종도 경영한다. 심지어 일부 신문 집단들에서는 우회적으로 주식시장에 진출하기도 하고 또 대기업의 자본을 영입하기도 하지만 정책적으로 엄격한 규제가 있다. 중국의 신문 집단은 하나의 복합기업이지만 매체 중심(당보)이며 지역적인 제한이 비교적 엄격하다.

중국 사회주의 시장경제의 초기단계의 실정에 적응되는 중국 신문 집단의 기본특징을 상기의 것을 종합해서 아래와 같이 요약할 수가 있다. ① "사업성"과 "기업성"의 이중성, ② 정체성과 다양성의 傳播시스템-역할 분담과 협동, ③ 집중통일의 관리체제와 부문의 자율적인 경영-취재편집과 경영의 분리이다.

중국 신문 집단의 특색은 중국사회의 특성에서 비롯된 것이기 때문에 서방의 신문 집단들과 다른 점이 많다. 중국 신문 집단과 신문 집단의 주요한 구별 점은 바로 중국의 신문은 사적인 소유가 아니고 국가적인 소유이고 정당의 영도를 받고 민간의 주도를 받지 않고 자발적인 성장보다도 중국의 사회경제문화의 배경 하에서 질서가 있고 紀律이 있게 성장하는 것이다.

그리하여 ① 강렬한 정치적인 색채와 선명한 정당의 배경을 갖고 있으며 급별이 있고 지역적인 제한이 있으며 대부분이 영향력이 있고 실력이 있는 당보를 위주로 이루어지고 또 그 당보의 이름으로 명명된다. ② 자유롭게 신문을 창간하지 못하여 발전공간이 일정한 제약이 있으며, 신문 집단이 다른 기업을 운영할 수가 있지만 기타 기업이 신문을 다각경영의 대상으로 삼을 수가 없다. ③ 관, 공비 주문이 점차적으로 감소되는 추세이지만 상당기간 많은 신문들은 관, 공비에 의존한다. ④ 모체신문은 중대한 사명을 갖고 있다. 모체신문의 총 편집장은 신문사의 최고 책임자이며 또한 신문 집단의 법인을 맡고 있다. 경제원인으로 모체신문의 생존위기를 가져오는 것은 아니다. 사실상에서 신문 집단의 기타 자계통신문과 그 산하의 기업들의 의무와 목적은 바로 모체신문의 영향력과 경제적인 실력을 도모하기 위한 것이다. 한마디로 중국신문 집단의 최종목표는 사회적인 목표이지만 외국의 많은 신문 집단들의 최종목표는 경제적인 효익이라 할 수 있다.

중국의 신문 집단은 중국사회의 경제적인 성장, 자체의 발전과 정부의 정책적인 지원 발전할 가능성이 있다. 그러나 신문 집단은 중국 신문의 실천에서 신생사물로서 실험단계에 있다. 때문에 필연적으로 여러 가지 문제점이 존재한다. 그 중에서 가장 중요한 것은 사업화 관리와 기업화경영의 모순이다.

중국 신문 집단은 사업과 기업의 "이중" 속성은 그 생존하는 객관환경이며 장족의 발전에서 하나의 걸림돌로도 작용할 수도 있다. 신문 집단의 형성은 시장행위보다도 행정행위가 더 주도적이다. 하여 신문 집단은 독립적인 시장경쟁주체로 되기 어려웠다. 물론 이러 현상은 초기 단계에서 불가피 한 것이다. 사실상 사업단위의 성질에 기업화관리는 초기 중국신문 집단의 형성에 적극적인 역할을 하는 장점을 가지고 있으나 장기적으로는 하나의 걸림돌로 된다. 이런 모순을 극복하려면 신문 집단은 현대화한 기업제도를 도입할 수밖에 없다.

제2절 연구의 의미 및 제언

1. 중국 사회주의적 시장언론의 의미

사회체계의 유기구성부분으로서 신문은 시종 정치조직, 경제조직, 사회공중(公業) 세 가지 기본 사회적 역량의 줄다리기 속에 처해있다. 서로 다른 시대의 수요, 서로 다른 사회의 제도와 신문과 사회적 역량간의 관계를 결정하며 최종적으로 신문의 생존 방식을 결정한다. 그러나 아무리 신문이 동시에 정치속성, 경제속성과 사회속성을 지니고 있다 하더라도 부동한 시대적 수요와 사회제도의 차별은 종종 신문의 어느 면의 속성을 과장하여 기타 속성이 상대적 억제 상태에 처하게끔 한다. 따라서 신문은 줄곧 시대의 변화에 따라 부동한 유형으로 발전하게 된다.

일찍이 시버트(F. Siebert) 등은 권위주의 국가에 조응하는 권위주의 언론, 시민국가에 적용하는 자유주의 언론, 소비에트적 공산주의 언론, 그리고 사회책임형 언론으로 유형화하여 언론의 4이론을 내놓았다. 맥퀘일은 여기에 개발미디어와 참여미디어언론이란 유형을 더하여 언론의 여섯 유형에 대해 논의하였다.

Altschll(1984)은 규범이론의 분석 틀을 보다 간단하게 정리하고 제1세계(자유–자본주의), 제2세계(소비에트–사회주의), 제3세계(개발도상국)에 대응하는 세 가지 기본형태로 분류하였다. 그는 이 세 가지 제도를 각각 '시장'과 '마르크주의'와 '진보'라 명명하였다. 첫 번째 것은 자유주의 언론이론과 사회책임이론의 요소들을 혼합한 것이며, 두 번째 것은 소비에트 미디어 이론 모델에, 그리고 세 번째 것은 발전이론에 해당한다. 그리고 알 철은 모든 언론조직에서 뉴스미디어는 정치적, 경제적 권력을 행사하는 사람들의 대리자들이고

언론의 실제 행위는 언제나 이론과는 다르다고 하였다.152)

지구상에서 자본주의 언론과 사회주의 언론은 대립적으로 발달하였다. 자본주의 언론은 사적 소유와 가치법칙을 토대로 움직인다. 전통적으로 사회주의 언론은 가치법칙을 폐기하고 생산수단의 공유제와 보조를 맞추어 생산계획을 조정하고 가치의 중계 없는 생산체계가 정착되었다. 이런 의미에서 중국의 언론은 의심할 나위가 없이 소비에트-사회주의 언론유형이다. 그러나 사회주의 시장경제를 도입한 후 중국의 언론은 변화하였다. 20세기형 사회주의계획경제체제는 공유제 위주 다종 소유형태 발전, 소유와 경영의 분리, 이윤과 경제체제라는 21세기형 사회주의시장경제 체제로 전환되고 있다. 언론매체는 이와 같은 체제의 변화 속에서 시장언론이라는 새로운 방식으로 변화되고 있다.

중국 언론체계의 변화 가운데서 근본적인 것은 언론의 역할에 대해 새롭게 인식하고 있다는 것이다. 당의 대변자라는 일원적인 견해로부터 정보전달, 문화교육, 오락제공, 여론감독 등 다양한 기능을 가진다는 새로운 언론관으로 전환되고 있다. 따라서 중국 언론을 지배해 왔던 정치 선전의 기능을 강조하면서도 시장 메커니즘과 경제원칙에 입각한 경영관리의 역할을 점차 강조하면서 산업화의 길을 걷고 있다.

중국신문의 산업화는 1978년 일부 신문이 "사업단위, 기업화관리"식으로 실행하게끔 비준된 것을 계기로 하였다. 그 후 중국 신문은 점차 산업화운영의 길로 들어섰다. 그 중에서 70년대 말의 광고의 회복, 80년대의 신문발간열풍, 80년대 중기의 자체 발행과 다각경영, 90년대 초기의 증면열풍, 90년대 중기의 석간을 비롯한 都市報의 궐기, 90년대 후기로부터 신문 집단의 건설, 및 대체적으로 동

---

152) 맥퀘일 저, 오진환 역, 《매스커뮤니케이션이론》 (나남 1990) pp.155-156.

시에 시작된 신문의 자본운영은 당대 중국 신문의 산업화가 부단히 심화되고 있는 徵標로 된다. 따라서 당보들도 여타의 기업들과 마찬가지로 수요, 공급, 이윤과 같은 시장 메커니즘의 지배를 받기 시작하였다. 국가로부터 지원금이 삭감되거나 아예 지원을 받지 못하고 있기 때문에 재정적 손실과 수익문제를 스스로 책임지지 않으면 안 되는 상황이다. 언론사의 조직구도도 취재편집과 경영을 분리하는 내부 분업체계로 변화하여 경제적 합리성과 효율성을 제고하였다. 언론체계의 내부와 전문화 경향은 결국 신문의 내용도 다양성을 띠게 한다. 광고수입의 비중이 급증하고 다각경영을 통한 사업 확장을 통해 언론 산업은 중국 경제구조의 중요한 부분을 차지할 만큼 성장하였다. 이것은 분명 개혁의 성과이다.

결국, 중국은 사회주의 시장경제체제를 도입하고 있는 사회변동과정에 있기 때문에 중국의 언론변화를 확정적으로 어떤 유형이 탄생했다고 단정하거나 기존의 틀에 끼워 맞추어서는 그 고유한 특성을 말하기 어렵다. 현재적 의미에서 볼 때, 중국 언론의 변화는 중국의 정통언론이론의 폐기를 의미하지 않는다. 다양화된 중국 언론은 여전히 당의 선전수단으로서의 역할과 기능을 하고 있기 때문이다. 그럼에도 기본적으로 소유방식을 공유제로 남겨놓고 자본주의적 상업성을 운용하여 창출된 사회주의 시장언론은 사회주의 계획언론의 모순을 일부 극복하고 언론의 다양한 기능을 수행하고자 하는 새로운 시도이다. 그런 점에서 볼 때, 변화된 중국의 사회주의 시장언론은 변화된 사회주의 시장경제의 선전자이면서 실천자라는 고유한 특성을 부여받고 있는 셈이다. 한마디로 중국 언론의 자본주의화라는 것은 중국의 자본주의화가 중국체제의 포기가 아니듯, 정통중국 언론의 포기가 아니라 오히려 중국사회의 끊임없는 자생적 변화의 산물이자 그것을 이끄는 주체세력인 것이다.

2. 사회주의적 시장언론으로의 변화 모델

사회주의 시장경제체제 이후 시장화가 신문개혁의 주류로 되었고
90년대 후기에는 집단화 경향이 나타났다. 중국신문은 시장의 추동
하에 당과 정부의 선전부문으로부터 국유정보산업으로 어렵게 과도
하고 있다. 이러한 과도는 전통적인 선전수단의 제도의 속박에서 현
대기업의 제도를 건립하는 제도적인 개혁과정이다. 중국 신문개혁은
일종의 "속박개혁"(bounded innovation)이다(陣懷林 1999).

1) 靜中動: 언론제도의 세 層面의 변화

중국 언론제도는 위로부터 아래로 이르기까지 세 層面으로 나눌
수가 있다. 즉 거시적인 관리제도, 취재편집운행제도와 경제 분배제
도이다. 언론제도의 이 세계 부분은 3족 정립처럼 상호 의존한다.
거시적인 언론제도는 언론의 기타 제도의 합법성을 판정하는 기준들
을 제공하여 언론의 취재편집운행제도의 가치취향과 재정경제제도의
형식을 규정한다. 취재편집제도는 운영과정에서 거시적인 관리제도
가 요구하는 언론의 성질과 기능을 체현하고 동시에 언론재정경제
제도의 효과를 제약한다. 경영분배제도는 매체의 이익취향과 매체의
기존 성질의 일치성을 규정하여 언론의 운영에 인력, 물력, 자금을
보장한다. 제도체계에서 최고 차원에 있는 거시적인 관리제도는 "언
론은 당과 정부의 喉舌이다"라는 것이 金科玉條이다. 여기에는 언
론의 소유제, 언론과 정부의 관계, 언론과 언론지간의 관계가 포함
된다. 모든 언론은 국가소유이고 행정체계와 마찬가지로 급별로 나
뉘어 진다. 상급정부와 당위가 언론의 고층인사와 편집방침에 대해
결정권을 가지고 있고 지방정부나 부문의 언론은 중앙, 혹은 상급의
언론의 입장을 따라야한다.

취재편집제도는 언론내부의 업무운영의 여러 가지 규칙, 혹은 원

칙들이 포함된다. 그 핵심은 "宣傳第一"이다. 우선적으로 당과 정부의 노선, 방침 정책을 보도하고 정면선전을 위주로 하고 비평보도를 절제하고 규정된 보도범위를 엄수하는 등등 유관 전통이나 보도방식이다.

경영분배제도는 광고, 발행 등 경영활동을 관리하고 노임, 상금 및 복리분배의 법규와 정책이다. 그 기본원칙은 경영이 선전에 복종하고 급별에 따라 분배하는 것이다.

상기의 세 가지 層面중에서 거시적인 제도 즉 언론의 체제는 큰 변화가 없지만 나머지 두 層面은 모두 변화를 가져왔다. 예컨대 1979년 중국 언론은 광고업을 회복, 1980년대 말에 이르러서는 매체의 중요한 보조적인 수입으로 되었다. 1990년대의 중기에 이르러서는 광고는 중국매체의 대체할 수가 없는 가장 중요한 수입으로 되었다. 또 언론은 선전기능뿐만 아니라 정보전달, 여론감독, 오락 등 다양한 기능을 행사하기도 한다.

2) 개혁의 도경: 自下而上의 비용최소화

언론제도의 3개의 부동한 層面은 서로 구별점이 있기 때문에 그 제도 개혁의 비용도 다르다. 언론의 거시적인 제도의 어떠한 변동은 모두 전반 언론제도에 영향을 준다. 때문에 정부가 언론에 대해 "변질"과 "통제 불능"이라는 고도의 경각심을 불러 일으켜 처음부터 거부감을 갖게 한다. 취재편집제도 개혁도 언론의 전통적인 기능과 주관 부분의 기존 이익에 대해 직접적인 관계를 가지기 때문에 역시 즉각적인 저지를 받을 수가 있다. 경영분배제도는 언론제도의 핵심과 많이 떨어져 정부가 개혁으로부터 경제적 이익을 얻을 수 있을 뿐만 아니라 (정부의 재정부담을 경감, 세금을 납부) 언론자체도 이익을 얻어 정부가 관용하거나 지어는 지지를 받을 수가 있다. 동시에 언론제도의 세 가지 層面은 서로 의존하고 있고 가장 낮은 層面

의 제도개혁은 다른 層面의 제도개혁을 전개하는데 일정한 영향을 줄 수가 있다. 제도개혁의 비용의 차이와 각 제도개혁의 연관성은 필연적으로 비용 최소화의 원칙을 취하면서 부동한 層面이 선후추진하게 한다.

현존하는 제도에서 이익의 배분에서 일반적으로 고정된 것이다. 따라서 제도의 변천은 이익분배를 재조정하는 것이다. 아래로부터 위로의 언론제도의 점진적인 개혁도 언론과 정부간의 이익구조의 조정이다. 현재 언론은 정부의 여러 가지 제한을 받지만 또 여러 가지 기타 기업이 받지 못한 특혜도 있다. 이를테면 장과 정부의 후설이라는 거대한 무형자산, 재정상의 보험, 매체 보호벽으로 이루어진 독점경영이다.

이러한 우세는 시장경쟁 속에서 실제로 모두 거대한 경제적인 이익으로 전환된다. 때문에 언론의 자신의 이익으로부터 고려할 때 언론제도의 개혁을 <破釜沈舟>을 하는 것이 아니라 계속 기득이익을 얻는 전제하에서 타협식, 과도식, 점진식 개량을 한다.

다른 이익집단인 정부부문은 언론이 선전기능을 하면서도 재정부담을 줄이거나 지어는 경제적인 이익을 얻으려면 부득불 언론이 이익추구를 용인하거나 혹은 지지하여야한다. 하여 상급 부문에서는 언론이 규칙위반을 하더라도 최초에는 직접 반응하지 않거나 반응을 하더라도 진퇴가 가능한 "模陵兩可"식으로 한다. 언론의 자발적인 개혁과 정부부문의 법규는 부단히 역동적인 관계를 이루면서 새로운 제도를 점차적으로 형성하게 한다. 중국 언론 개혁에서 광고의 회복이 좋은 보기로 된다.

현 단계에서(1998) 300억 위안 중국 언론의 광고업은 20 여 년 전에 상해에서 언론이 경비부족을 해결하기 위해 이루어지었다. 1979년 1월 28일 상해의 解放日報와 上海廣播局에서는 문화대혁명이후 처음으로 상업광고를 하였다. 당시 解放日報는 음력설 기간에 지면을 충당할 원고가 없고 또 신문지가 낭비 할 것 같아 광고를 게재하였다. 그러나 上海廣播局은 정부재정에서 자금을 충분히 주지 않자 직접 쌀을 찾아 솥에 넣었다. 이 사건은 전국 언론계를 놀라게 하였는데 많은 사람들은 당보가 상업광고를 실은 것을 명확히 반대하였다. 그러나 解放日報와 상해 라디오방송국의 주관 영도 부분인 上海市 黨委 선전부는 명확한 해답이 없었다. 그 사이에 上海와 기타지구의 언론들이 잇달아 광고를 하였다. 1979년 4월 중순에 이르러 人民日報마저 광고를 게재하여 호응하였다. 첫 광고가 나와서 3개월 후 1979년 5월 14일에 중공중앙 선전부는 上海市 선전부에 문건을 보내어 광고의 회복을 긍정하였다. 이렇게 上海에서 자발적으로 일어난 자그마한 사건이 무의식중에 중대한 제도개혁의 효시로 되었다.

3) 개혁의 방식: 점진적인 변두리조정

중국 언론시장의 폐쇄성과 비시장화, 특수한 정치상황으로 변두리 조정은 제도개혁의 효과적인 방식이다. 제도개혁으로 인한 보상의 특성은 변두리 조정이 연속성을 갖게 한다. 이밖에 중국의 언론제도는 정치제도와 밀접한 관계를 갖고 있고 정치 환경의 변화는 언론제도의 개혁의 위험수위를 높인다. 때문에 안전지수가 가장 높은 방법이 바로 변두리 조정인 것이다.

변두리조정의 연속성은 보상의 증가에서 따른다. 제도의 변천과정에서 어떤 방법이 인정을 받으면 끊임없이 발전하는 것이다. 중국 언론제도의 변천 중에서 신문구조의 개변이 생동한 실례가 된다.

중국 언론제도 개혁에서 지금까지 가장 주목할 것은 신문의 체계조정인 것이다. 이 조정은 주말 판, 증면과 자매지발간 등 3단계의 변두리 조정을 거치어 완성된 것이다. 신문이 시장으로 진출할 때 첫 번째로 길목을 막은 것이 바로 자원부족인 것이다. 전통적인 제도는 이미 신문의 출판항목을 규정하였다. 이를테면 지면의 크기, 페이지 수, 출판빈도 등이다. 신문이 시장에서 이익을 얻자면 지면을 확충하고 독자들이 좋아하는 내용으로 광고를 유치하여야한다. 그러나 신문(특히 당보)은 제한된 공간마저 대부분이 "선전"내용이 차지하였다. 1980년대 초 中國靑年報와 부분적 대도시의 당보들은 매주 주말판, 일요판을 발행하여 이 모순을 완화하려고 하였다. 주말판은 일반적으로 사회생활과 문화를 위주로 다루어 그 내용상에서 정규판과 일정한 거리를 두었다. 이리하여 주말 판은 모체신문이 경쟁에 참가하는 일종 실험면, 혹은 작은 특구로 되었다. 1992년에 이르러 주말 판을 꾸리는 신문이 이미 300여 개를 넘었다. 신문이 매주 한번씩 비정상적인 지면 확대는 기존제도에 대한 변두리 조정이었다. 1992년 1월 신문출판서에서는 "關於報紙出版 '週末版' 管理的通知"를 반포하였고 1994년 3월 중공중앙 선전부와 신문출판서에서는 연합으로 "關於加强管理進一步辦好報紙週末辦的意見"을 반포하여 실질상에서 주말판의 출판을 인정하였다.

신문의 지면확충은 증면이다. 주말 판의 기초 우에서 다시 한번 변두리 조정을 하였다. 1986년 지면의 부족으로 上海의 新民晚報가 원래의 타블로이드판 4면에서 타블로이드판 8면으로 발행, 1987-1988년 廣州日報, 解放日報는 원래의 4면을 8면으로 확충하였다. 증면은 신문이 선전과 광고시장의 모순을 완화시키었다. 신문출판서에서는 1990년 말에 "新聞管理暫行規定"을 반포하여 지방정부 신문출판국에서 신문의 출판항목을 비준할 수 있는 권한을 주었다. 1992년 전국에서 128개의신문들이 증면을 하였는데 2/3의 성급 당보는 8면으로 되었다. 증면 현상에 대해 국내의 한 학자는 1949년 이후 처음으로 광고수입을 증대할 목적으로 일어난 전국성적인 증면 열풍이다 라고 하였다.

제3차 변두리 조정은 당위 기관지가 도시시민을 대상으로 하는 석간, 도시보 등 자매지를 발간한 것이다. 이때로부터 신문의 지면

확충은 傳播공간을 기능에 따라 분류하기 시작했다. 당위 기관지가 기존의 도시의 석간과 독자와 광고시장을 경쟁하기 위해서는 分身法을 쓰지 않을 수가 없었다. 당위 기관지가 석간을 겸하여 운영하는 것은 제한을 받았다. 예컨대 "한 개 도시에서 오직 하나의 석간만 출판할 수가 있다", "출판항목을 늘릴 수가 없다."는 규정이 있었다. 그러나 많은 당보들은 결손을 보던 농촌류, 문화류의 신문을 정돈하고 원유의 발행허가번호를 가지고 都市報, 新報, 服務報 등 변상적인 석간을 출판하였다. 통계에 의면 전국 31개의 성급 당 기관지 중에서 西藏과 內蒙古를 제외하고 모두 도시보, 석간 등 자매지를 꾸리어 독자와 광고시장에서의 열세를 전변시켰다. 연속적인 변두리 조정은 신문체계의 근본적인 변화를 가져왔다. 1986년 일간지 발행부수 중에서 석간은 25%를 차지하던 것이 97년에 이르러서는 양자가 비슷하였다.

총적으로 중국 언론개혁은 비용이 가장 석은 경영분배제도로부터 시작하여 취재편집제도로 발전되었고 또 그 것이 거시적인 제도의 변화에 영향을 준다. 또 정부와 언론이 서로의 암묵적인 합의하에 새로운 제도를 모색하였고 언론실천은 부단한 변두리조정으로 새로운 제도를 탄생시키고 있는 과정이다.

3. 연구의 한계

본 연구는 사회주의 시장경제 확립이후 중국 신문의 변화를 고찰하였기 때문에 어떤 변화가 있었는가 하는 현상 서술에 치우쳐 그 변화 내용을 이론적으로 조명을 하지 못한 것이 가장 큰 한계를 지닌다. 중국의 신문은 지금 변화 중이고 또 중국 신문 집단은 새롭게 나타난 현상이기 때문에 본 논문은 중국 신문의 발전과정에서 과도적인 시점에서 신문을 살펴본 것으로 인식이 되어야 할 것이다. 본

연구는 주로 중국 사회주의 변화와 발전이라는 역사주의 시각에서 문헌조사로 중국의 신문변화를 살피려고 하였으나 중국의 신문연구에서 이론보다 실무적인 차원에서 많이 다루어지고 많은 자료들의 비공개로 조사의 한계가 있을 수밖에 없다. 그러나 중국의 신문을 비롯한 언론의 변화를 종합적으로 고려 할 때 사회주의 언론과 자본주의 언론을 다시 한번 대조적으로 조명하고 또 사회주의 개혁언론의 실질을 밝히는 것도 언론학 연구의 또 다른 공간을 제시해준다.

참 고 문 헌

1. 국내문헌

강현두 주봉의 (1995) "현대중국의 언론정책과 중국 언론의 발전전
　　망에 관한 연구"방송학 연구

김준성. (1992) "중국에 있어서 언론자율성의 정치적인 성격과 한계
　　에 대한 연구"연세대학교 대학원

마중가. (1993) "중국정치체제개혁연구"중소연구 제17권 제4호

박용수 (1995) "중국의 시민 사회적 특성과 언론체계의 변화"고려
　　대학교 대학원

정혜정 (1997) "중국식사회주의 언론정책"서강대학교 공공정책대학
　　원

주봉의 (1994) "개혁개방에 따른 중국 언론의 변화에 대한 연구"
　　서울대대학원

강대인 (역) 《언론의 4이론》 나남 1999

김경근 《사회주의국가의 언론》한국 언론 연구원 1989

김민환 《한국 언론사》나남 1996

김승수 《한국 언론 산업론》나남 1995

김지운 외 《비판커뮤니케이션》커뮤니케이션북스 2000

박용수 《중국언론과 사회변동》나남 2000

양승찬 등(역) 《매스커뮤니케이션이론》나남 2002

차재영(역) 《최후의 권리》 한울 1998

2. 中國文獻

1) 단행본

中國報業協會, 《中國報業創新之路》, 京華出版社 2002

戴元光, 《20世紀 中國新聞學與 傳播學》, (叢書 1-7) 復旦大學出版社 2002

中國社會科學院, 《中國現代化進程中的階層結構變動研究》 人民出版社 2002

姚福申, 《新時期中國新聞傳播評術》 復旦大學出版社 2002

童 兵, 《比較新聞傳播學》, 中國人民大學出版社 2002

趙 凱, 《市場經濟與廣播電視管理》, 復旦大學出版社 2002

秦 宣, 《鄧小平理論研究述評》, 中國人民大學出版社 2002

李良榮, 《新聞學概論》 復旦大學出版社 2001

黃 瑚, 《中國新聞發展史》 復旦大學出版社 2001

汝 信, 《中國社會形勢分析與豫測》, 社會科學文獻出版社 2001

黃昇民, 《中國廣電媒介集團化研究》, 中國物價出版社 2001

王建男, 《黨報資本論》, 哈爾濱出版社 2001

《哈爾濱日報報業集團管理模式》, 哈爾濱出版社 2001

金炳華, 《新聞工作者必讀》, 文匯出版社 2000

余 虹 《中國當代廣告史》, 湖南科學技術出版社 2000

李良榮. 《新聞學導論》 高等敎育出版社 1999

唐緒軍 《報業經濟與報業經營》 新華出版社 1999

趙　鵬, 《中國報業集團發展研究》 新華出版社 1999

許中田, 《面向21世紀的中國報業經濟》 人民日報出版社 1998

連福寅 《報業經濟論考》 人民日報出版社 1998

崔恩卿, 《報業經營論》, 中國經濟出版社 1998

阮觀榮 《都市報現象研究》. 新華出版社1998

康　林, 《中國記者十人談》, 新華出版社 1998

黃昇民, 《媒介經營與産業化研究》, 北京廣播學院出版社 1997

崔恩卿, 《産業化靑年報刊業的前景與挑戰》, 中國人民大學出版社 1997

中國宣傳部新聞調硏小組, 《中國報業總量結構效益調査》 新華出版社 1996

孫旭培. 《新聞學新論》, 當代中國出版社 1994

鄭興東, 《新聞衝擊波》. 中國人民大學出版社 1994

成　美, 《新聞理論敎程》 中國人民大學出版社 1993

方漢奇 《中國新聞事業通史》 中國人民大學出版社 1992

李　庄 《人民日報風雨40年》 人民日報出版社 1993

新聞事業與現代化建設課題小組, 《新聞事業與中國現代化》 新華出版社 1992

梁　衡, 《新聞原理的思考》 人民出版社 1996

《中國共産黨宣傳工作文獻選編》 (1-40 學習出版社 1998

《中國新聞出版統計資料匯編》 (1997-1998), 中國統計出版社

《新聞工作文獻選編》 新華出版社 1991

《中國共産黨新聞工作文件匯編》(上, 中, 下), 新華出版社1980

《毛澤東新聞工作文選》, 新華出版社 1981

中國廣告年鑑

中國統計年鑑,

中國新聞年鑑

2) 잡 지

現代傳播, 北京廣播學院

新聞大學, 復旦大學新聞學院

新聞與傳播, 中國人民大學資料中心

國際新聞界, 中國人民大學新聞學院

新聞學論集, 中國人民大學新聞學院

中國記者, 新華社

新聞戰線, 人民日報社

新聞記者, 新民晩報

中國報刊月報, 新聞出版署

中國報業, 中國報業協會

新聞三昧, 工人日報社

新聞세계 安徽日報社

新聞傳播 黑龍江省記者協會

新聞界 四川日報社

3. 외국문헌

Althusser, L.(1971), Lenin and Philosophy and Other Essay (London: New Left Books).

Babe, R. E. ed.(1994), Information and Communication in Economics(Boston: Kluwer Academic Publishers).

Barr, Kennth(1981), "On the Capitalist Enterprise," The Review of Radical Political Economy Vol.12.

Chu, Godwin C. ed.(1979), Popular Media in China: Shaping New Culture Patterns(Honolulu: University Press of Hawaii).

Chu, Godwin C., Hsu, Francis L. K. eds.(1979), Moving a Mountain: Culture Change in China(Honolulu: University Press of Hawaii).

Colin Mackerras et al.(1994), China since 1978(N.Y.: Longman Cheshire).

Curran, J.(1979), "Press Freedom as a Property Right: The Crisis of Press Legitimacy," Media, Culture & Society, 1.

Dahlgren, P. & C. Sparks eds.(1991), Journalism and the Public Sphere(london: Routledge).

Dunnett, P. J. S.(1988), The World Newspaper Industry (London: Croom Helm).

Golding, P. & G. Murdock eds.(1997), The Political Economy of the Media(Cheltenham: An Elgar Reference Collection).

Harding Harry(1982), "Freedom China, With Disdain: New

Trends in the Study of China," Asian Survey Vol.22.

Harvey, David(1982), The Limits to Capital(Oxford: Basil Blackwell Publisher).

Holloway, John & Sol Picciotto eds.(1978), State and Capital: A Marxist Debate(London: Edward Arnold).

June Teufel Dreyer(1996), China's Political System-Modernization and Tradition(London: Macmillian Press).

Kenny, K. & S. Lacy(1987), "Economic Forces behind Newspaper's Increasing Use of Color and Graphics," Newspaper Research Journal, 1987 Spring.

Lowell, Dittmer(1994), China Under Reform(Oxford: Westview Preww).

Lowenstein, R.(1966), "PICA: Measuring World Press Freedom," Freedom of Information Center Publication, No.166.

Merrill, John C. & Odell, S. Jack(1983), Philosophy and Journalism (N.Y.: Longman Inc. Published).

Mucdock, G.(1990), "Redrawing the Map of the Communication Industries," M. Ferguson ed., Public Communication (London: Sage).

O'Malley, R. & C. Soley(2001), Regulating the Press(London: Pluto).

Pagen, R. R.(1964), "Relation of Communication Growth to National Political Systems in the Less Developed Countries," Journalism Quarterly 41(1), 87-94.

Picard, R. G.(1988), Press Concentration and Monopoly(NJ: Ablex Publishing Corporation).

Siebert, F. S. et al.(1956), Four Theories of the Press(Urban: Univ. of Illinois Press).

Tambini, D., Through with Ownership Rules?: Media Pluralism in the Tradition to Digital," in Tambini D. et al. eds.(2001), Communication Revolution and Reform (London: IPPR).

Tunstall, J.(1996), Newspaper Power(Oxford University Press).

Willy Wo-Lap Lam(1995), China after Deng Xiaoping (Singapore: John Wiley & Song Pte Lte).

◈ **저자** ◈

● 이봉우 (李逢雨)   **약 력**

연변대학교 조문학부 졸업
연변대학교 조문학부 신문학 석사
북경 중국인민대학교 신문대학 연수
상해 복단대학교 신문대학 연수
한양대학교 대학원 신문방송학 박사 (교환장학생)
(현) 연변대학교 조문학부 신문전업 주임교수

주요 논저

『중국신문의 현실』 (공저)
「사회주의 시장경제체제이후 중국언론의 변화와 발전」
외 다수.

시장경제체제 도입이후
중국신문의 변화와 특성

• 초판 인쇄 | 2004년 11월 1일
• 초판 발행 | 2004년 11월 2일

• 지 은 이 | 이봉우
• 펴 낸 이 | 채종준
• 펴 낸 곳 | 한국학술정보㈜
경기도 파주시 교하읍 문발리
파주출판문화정보산업단지 526-2
전화 031) 908-3181(대표) · 팩스 031) 908-3189
홈페이지 http://www.kstudy.com
e-mail(e-Book사업부) ebook@kstudy.com
• 등 록 | 제일산-115호(2000. 6. 19)
• 가 격 | 12,000원

ISBN   89-534-2156-X 93070 (paper book)
        89-534-2157-8 98070 (e-book)